Heinrich und Jonas Bedford-Strohm

Wer's glaubt, wird selig

Ein Glaubensgespräch zwischen Vater und Sohn

KREUZ

Für Deborah, Lennart und Nathan

MIX
Papier aus verantwortungsvollen Quellen
FSC® C106847
FSC
www.fsc.org

www.kreuz-verlag.de

Umschlaggestaltung: Verlag Herder
Umschlagfoto: © Fotostudio Photogenika

Satz: de·te·pe, Aalen
Herstellung: fgb · freiburger graphische betriebe
www.fgb.de

Printed in Germany

ISBN 978-3-451-61193-3

Inhaltsverzeichnis

Vorwort

Meinen Altersgenossen und mir fällt es oft schwer, über Glauben zu sprechen. Es gibt allerdings immer wieder Erlebnisse, die darauf schließen lassen, dass auch wir nicht vollkommen religiös unmusikalisch sind. Am Lagerfeuer nach dem dritten Bier. Am Tresen kurz vor Kneipenschluss. Beim Warten auf den Einlass vorm Konzert. In der Garderobenschlange auf einer Party. Wenn die Fassade verschwindet, wenn die Zunge sich löst, wenn man sich unbeobachtet fühlt, dann fängt man gelegentlich doch an, über Themen zu reden, die in unserer Alltagswelt sonst keine Rolle spielen: Gott, Tod, Glück, Spiritualität, Themen also, die sonst nicht wirklich oben auf der Agenda stehen. Auch für mich nicht, obwohl ich Pfarrersohn bin. Wir haben in der Regel andere Sorgen.

Meine Generation wächst in einem Dilemma auf. Wir sollen alles in kürzerer Zeit schneller, besser und effizienter machen. Eine ziemliche Herausforderung, gerade wenn die Gesellschaft kaum darauf zu vertrauen scheint, dass wir unseren Weg selbst finden werden. In der Polyfonie der guten, oder zumindest gut gemeinten, Ratschläge kommt jede noch so konträre Kombination vor: Wir sollen heimatverbunden, bodenständig und geerdet sein, aber in jedem Fall Auslandserfahrungen sammeln und möglichst viele Praktika machen. Denn: »Nicht für die Schule, fürs Leben lernen wir.« Wir sollen perfektes Hochdeutsch sprechen, den Dialekt der Heimat aber nicht verlieren und natürlich diverse Fremdsprachen lernen. Wir sollen technologie- und medienkritisch sein, aber jedes Medium beherrschen, immer verantwortungsvoll im Internet surfen und zusätzlich zur versierten Online-Recherche noch die Klassiker der Weltliteratur, alle Brockhausbände und wenigstens zwei Tageszeitungen lesen.

Wir sollen mindestens das können, was die Eltern schon konnten, dabei auf dem neuesten Stand des Wissens sein und bloß nicht Wikipedia als Quelle angeben. Wir sollen nicht mehr nur Kaffee kaufen, sondern mit einer Fairtrade-Kaffee-Kampagne bei Starbucks und Co. gleich die ganze Welt retten, dabei aber bloß nicht zu kapitalismuskritisch werden. Wir sollen später bitte Lifestyle-Kombis aus heimischer Produktion mit genug Platz für Partner, Hund, Kind und etwa dreihundert PS fahren und gleichzeitig die Welt vor dem Klimakollaps retten, aber wiederum natürlich, ohne zu globalisierungskritisch zu werden. Kurzum: Wir sollen alles ausbaden, was die vergangenen Generationen verbockt haben, ohne den Humor zu verlieren. Also lächeln, bloß nicht zu vorwurfsvoll sein und immer authentisch bleiben! Das ist eine Karikatur? Natürlich. Anders ließe sich der Anforderungsdruck auch gar nicht aushalten.

Jedenfalls ist da wenig Platz für anderes. Bestimmt nicht für Glaubensfragen nach der Art: Wo ist mein Platz in dieser Welt? Wo ist der rote Faden in meinem Leben? Wie kann ich meinen Beitrag zu einer besseren Welt leisten? Was hilft mir, diese Welt zu verstehen? Wie kann ich mit meinen eigenen Schwächen umgehen? Gibt es ein Leben nach dem Tod? Gibt es einen Gott? Gibt es Übernatürliches? Dabei ließe sich die Liste ausbauen. Aber es scheint »gesellschaftlich« nicht vorgesehen zu sein, dass wir nach Antworten auf diese Fragen suchen. Vielleicht, weil wir mit der Rationalität, mit der wir die drängenden »Sachzwangfragen« des Lebens angehen, bei diesen Fragen nicht weiterkommen.

Diese Rationalität ist natürlich wichtig. Aber diese Rationalität ist eben auch immer in Gefahr, alles, was nicht in ihr Raster passt, als irrational und somit unwichtig auszusortieren. Das finde ich verkehrt. Ich finde: Wir müssen uns erlauben zu träumen. Wir müssen uns erlauben, an etwas zu glauben. Wir müssen uns erlauben zu spielen. Und zwar nicht erst nach dem dritten Bier. Aus diesem Wunsch entstand dann die Idee zu diesem Buch. Es ist für mich eine große Spielwiese der Glaubensfragen geworden, ein Produkt unendlicher Neugier, und ich widme es allen Forschern und Abenteurern, die – wie ich – das Universum des Glaubens erkunden wollen, ihren Fragen, Ängsten und Sehnsüchten freien Lauf lassen wollen, ohne dabei ihren Verstand »an der Garderobe abzugeben«. Glücklicherweise habe ich in meinem Vater, als Theologen und Bischof, einen Gesprächspartner, der keine Angst vor der Sprache, den Fragen und der Kritik meiner Generation hat.

Ich wünsche mir, dass dieses Buch Leserinnen und Leser findet, die wie ich auf der Suche sind, und ich hoffe, dass dieses Glaubensgespräch in ihren Kreisen, am Tresen, beim Lagerfeuer, vorm Konzert oder in der Garderobenschlange weitergeführt wird. Und: Der Weg ist das Ziel, oder?

Also: Glückliche Reise und alles Gute!
Jonas Bedford-Strohm

1. Glück

JONAS BEDFORD-STROHM

Wer glaubt, wird selig. Stimmt das?

HEINRICH BEDFORD-STROHM

Nicht wie bei einem Kochrezept jedenfalls, wo man nur ein paar Zutaten zusammenmischt nach dem Motto: Ein bisschen Lukasevangelium, ein bisschen Paulusbrief, ein bisschen Altes Testament, dann ordentlich schütteln, und es kommt das Glück heraus. So funktioniert's nicht! Aber ich bin in der Tat der Meinung, dass man anhand von vielen Einzelaspekten zeigen kann, dass Glaube ein erfülltes Leben ermöglicht.

Kann man im Umkehrschluss genauso sagen: Wer nicht glaubt, wird auch nicht selig?

Nein, ich glaube, das kann man nicht im Umkehrschluss so sagen. Ich würde theologisch sagen: Gott hat viele Möglichkeiten, den Menschen ein erfülltes Leben zu schenken. Aber gleichzeitig sage ich, dass der Weg, den ich kenne und der sich für mich bewährt hat, der Weg über den christlichen Glauben ist. Man kann die Kraft dieses Weges anhand von Erkenntnissen der Glücksforscher sehr schön zeigen …

Bevor wir in die Details gehen: Kannst du kurz definieren, was Glück für dich heißt? Wir reden ja jetzt nicht von bloßer

Ekstase und Euphorie, weil man gerade im Lotto gewonnen hat.

Glück heißt für mich, dass ich aus der Fülle leben darf und nicht aus der Knappheit leben muss. Glück heißt, dass ich einen inneren Frieden spüren darf und nicht aus der Angst leben muss. Glück heißt, dass ich nicht nur dann eine Basis für mein Leben habe, wenn die Dinge gut für mich laufen, sondern dass ich eine Basis habe, die auch in den schweren Zeiten tragfähig ist, wenn Leid in mein Leben kommt. Glück im umfassenden Sinne heißt eben, sich in guten wie in schweren Tagen getragen und geborgen fühlen zu dürfen.

Glück ist für dich also kein temporärer Zustand, sondern eher ein Gesamtkonzept?

Ja, ich glaube, beides ist ein Aspekt von Glück. Es gibt das Augenblicksglück, es gibt den Genuss, das Hochgefühl, und das ist auch etwas Wunderbares. Aus einer christlichen Perspektive sind das Hochgefühl, der Genuss und auch die Liebe ein Geschenk Gottes.

Gleichzeitig leben wir nicht nur aus dem Augenblicksglück. Genauso wichtig ist, dass dieses Augenblicksglück in einen Lebenshorizont eingebettet ist, der breiter ist als der Augenblick. Deswegen glaube ich, dass es auch ein Glück gibt, das einen ganzen Lebensbogen – gute und schlechte Zeiten – mit einschließen kann.

Wenn man Glück als Gesamtkonzept versteht: Wie erarbeitet man sich dieses Konzept von Glück? Hat der Glaube da eine Anleitung parat?

Vielleicht ist diese Frage in sich schon problematisch: Wie *erarbeitet* man sich ein Lebensglück? Die Frage setzt ja voraus, dass Glück *machbar* sei und dass man, um es zu »machen«, nur eine bestimmte To-do-Liste abarbeiten müsse. Der Weg zum Glück ist nicht wie Cola kaufen am Getränkeautomaten, in den man zwei Euro wirft und unten dann das frisch gekühlte Glück in Empfang nimmt.

Glück, wie ich es verstehe, hat sehr viel mit Passivität zu tun. Es hat damit zu tun, dass ich offen durchs Leben gehe und das, was mir widerfährt, in einen bestimmten Verstehenshorizont integriere. Glück heißt eben auch, dass ich in einer bestimmten Weise mit dem umgehen kann, was ich nicht beeinflussen kann, was mir einfach widerfährt. Und genau da kommt für mich die Gottesbeziehung ins Spiel, in die ich das, was mir widerfährt, einordnen kann.

Es gibt dazu noch dieses Zitat aus der Dreigroschenoper: »Ja, renn' nur nach dem Glück, doch renne nicht zu sehr, denn alle rennen nach dem Glück, das Glück rennt hinterher.« Heißt das, dass man sich, wenn man sich zu sehr anstrengt und kein Vertrauen hat, das Glück kaputt machen kann?

Ich glaube, dass das Zitat eine menschliche Tendenz sehr schön beschreibt: Wir meinen manchmal, dass Glück dadurch entsteht, dass wir uns anstrengen und bestimmte Dinge tun. Wir arbeiten sozusagen verbissen an unserem Glück. Aber auf diese Weise stehen wir dem Glück möglicherweise im Wege. Die christliche Perspektive setzt ganz anders an. Wir wollen natürlich unser Leben gestalten, wir sind natürlich aktiv und wollen etwas für unser Glück tun. Aber gleichzeitig wissen Christen, dass ihr

Leben, ja, die ganze Welt in Gottes Hand liegen und nicht in ihrer. Wir Christen sehen uns im Horizont der liebenden Zuwendung Gottes. Das ist ein viel lebensnäherer Zugang, denn jeder Mensch kennt Situationen, in denen wir die Erfahrung machen, dass wir etwas *nicht* unter Kontrolle haben, dass wir einfach ohnmächtig sind. Krankheiten können zum Beispiel extreme Erfahrungen von Ohnmacht sein. Oder der Tod. Da sind wir völlig am Ende mit unseren Kontrollmöglichkeiten. Wer behauptet, dass der Mensch seines Glückes Schmied ist, muss solche Situationen ausklammern.

Wo liegt denn der Mehrwert der christlichen Perspektive im Vergleich zur Glücksratgeber-Literatur oder der wissenschaftlichen Glücksforschung?

Auch da frage ich zurück: Schon das Wort Mehrwert setzt doch eine Zweckorientierung voraus. Deine Frage folgt dem Motto: Ich lasse mich nur auf etwas ein, wenn man den Wert klar beziffern kann und ich genau weiß, dass es *mir* was bringt. Wenn ich so ans Leben herangehe, habe ich eigentlich schon verloren.

Wenn die Frage aber meint: Welche Horizonte erschließen sich mir durch den Glauben, die sich ohne Glauben nicht erschließen? – dann kann ich sie, glaube ich, ganz gut beantworten. Es ist nämlich tatsächlich so, dass gerade der Aspekt, den wir nicht kontrollieren können, über die Glücksratgeber hinausreicht.

Die Frage ist: In welche Grundperspektive zeichne ich mein Leben ein? Und da sehe ich in der christlichen Perspektive deswegen Stärken, weil sie eben neben dem Hochgefühl auch das Leiden umfasst. Christen glauben an einen Gott, der selbst die Erfahrung der Ohnmacht am Kreuz gemacht hat. Die christliche Religion geht von der Annahme aus, dass dieser Jesus Christus, der am Kreuz gestorben ist, wieder auferweckt worden ist. In der Situation der totalen Ohnmacht hat am Ende nicht das Nein, sondern das große Ja zum Leben gestanden – Christus ist auferstanden.

Das ist die Grundlage dafür, dass Jesus sagt: »Selig sind, die da Leid tragen, denn sie sollen getröstet werden.« Das griechische Wort *makarios,* das im Original für selig steht, kann man auch mit glücklich übersetzen. Deswegen redet einer der wichtigsten Abschnitte der Bibel, die Bergpredigt nämlich, vom Glück. »Glücklich sind, die da Leid tragen, denn sie sollen getröstet werden. Glücklich sind, die reinen Herzens sind, denn sie werden Gott schauen. Glücklich sind die Sanftmütigen, denn sie werden das Erdreich besitzen.«

All diese Seligpreisungen reden also vom Glück, und trotzdem gehört zu diesen Seligpreisungen auch das Leiden: »Glücklich sind, die um der Gerechtigkeit willen verfolgt werden, denn sie werden Gottes Kinder heißen. Glücklich sind, die hungern und dürsten nach der Gerechtigkeit, denn sie werden satt werden.« Das sind alles Seligpreisungen, die das Leiden, das Unrecht, mit in den Horizont integrieren. Das, glaube ich, ist die große Stärke des christlichen Glücksverständnisses. Es muss das Leiden nicht verdrängen, sondern kann es integrieren.

Über die Auferstehung müssen wir später noch reden. Aber zunächst noch was anderes: Kann es sein, dass für Christen Glück gar nicht als des Menschen höchstes erstrebenswertes Ziel gilt?

In der Perspektive des Christentums ist das höchste Ziel eine erfüllte Gottesbeziehung, die untrennbar verbunden ist mit der Beziehung zu anderen Menschen: Gott lieben und den Nächsten wie sich selbst lieben. Darum geht es für Christen. Deswegen gehört Glück als Selbstzweck in der Tat nicht zur christlichen Grundperspektive. Aber Glück, also die Erfahrung der Fülle des Lebens ist ein Aspekt einer intakten und gelingenden Gottesbeziehung. Das oberste Ziel und das oberste Gut, so hat die theologische Tradition gesagt, ist Gott. Aber in diese Gottesbeziehung wird die Glücksperspektive eingezeichnet.

Stell dir vor, es gäbe einen Glückssimulator, den man an unser Gehirn anschließen könnte und der uns über neuronale Impulse das Gefühl des absoluten Glückes simulieren könnte.

Okay.

Der Mensch kann den Unterschied nicht bemerken, weil er mit Endorphinen bombardiert wird und das für Glück hält. Wäre es legitim, sich lebenslänglich mit diesem Simulator verbinden zu wollen?

Es ist nur ein Gedankenspiel, aber in der simulierten Glückserfahrung könnte ja das Leid durchaus integriert sein. Ein permanentes Hoch würde die Glückserfahrung nur nivellieren, also würden Trauer, Leid und Niedrigphasen mit eingebaut werden. Wäre das nicht ähnlich wie in deinem religiösen Ansatz? Hängen Christen mit ihrem »Gott schenkt Leben die Fülle«-Glauben nicht an einer Art Glückssimulator?

Natürlich sperrt sich in mir alles gegen die Vorstellung eines solchen Simulators. Das ist meine spontane Reaktion.

Wenn ich mich an eine solche Maschine anschließe, liefere ich mich einer Sache aus, zu der ich, anders als zu Gott, kein Vertrauen haben kann. Maschinen laufen nach Schemata ab, Maschinen sind von Menschen konstruiert. Maschinen gehen nicht auf mich ein, sondern laufen nach ihrem Algorithmus ab. So »intelligent« und ausgereift ein Algorithmus sein kann, eine Maschine kann deswegen nie etwas sein, an das ich mich anschließen möchte.

Wenn ich dagegen von Gott spreche, dann spreche ich von jemandem, dem ich vertrauen kann, dessen liebender Zuwendung ich gewiss sein darf, mit dem ich in Beziehung stehen kann, der auf mich reagiert und der übrigens auch *mich* meint und nicht irgendeine Nummer, die da angeschlossen wird. Eine Maschine kann nie ein Gott sein, der mich will, meint und bejaht. Deswegen kann ich nicht umhin, die Vorstellung von der Glücksmaschine als etwas Unattraktives zu sehen.

Die Simulation ist etwas Künstliches. Es bin nicht ich, der da lebt, sondern es ist die Gehirnaktivität, die Leben vorgaukelt. Simulation ist kein echtes Leben. Mit so einem Simulator würde der Mensch nur ruhig gestellt werden.

Und was ist mit dem Unglück? Kann ich die guten Momente nur dann wirklich als Glück empfinden, wenn ich auch die schlechten Momente als Unglück empfinde? Kann es Glück ohne Schmerz geben?

Die Frage ist, ob ich die schlechten Momente zwangsläufig als Unglück begreifen muss, oder ob ich offen bin für eine Perspektive, die auch die schweren Momente in den Horizont der Gottesbeziehung stellt. Dann kann ich auch in den schweren Momenten aus dem Vertrauen leben. »Leben in Fülle« ist nicht nur verheißen, wenn es den Menschen gut geht. Zum Beispiel der Psalm 23 sagt das auf eine mich immer wieder neu bewegende Weise: »Und ob ich schon wanderte im finsteren Tal, so fürchte ich kein Unglück. Denn du bist bei mir, dein Stecken und Stab trösten mich.« Das ist ein Vertrauen, das auch vor den schweren Zeiten keine Angst haben muss, weil es sich begleitet weiß.

Jeder, der schon mal erlebt hat, wie dicht menschliche Beziehungen werden, wenn Menschen sich im Leid gegenseitig beistehen, der weiß ganz genau, dass auch solche Zeiten zum Lebensglück beitragen können – wenn man einen ganzen Lebensbogen in den Blick nimmt. Menschen, die schwere Zeiten durchgemacht haben, wachsen und verändern sich durch diese schweren Zeiten. Immer wieder bin ich in der Seelsorge alten Menschen begegnet, die ihr Leben so gedeutet haben, dass auch die schweren Zeiten Führung und Begleitung durch Gott sind.

Kann das nicht zynisch wirken? Wie erklärt man das Leuten, die dauerhaftem Leid ausgesetzt sind durch Umstände, die sie selbst gar nicht beeinflussen können?

Ich würde nicht versuchen, eine »Erklärung« zu finden. Das wäre falsch. Es gibt tatsächlich Situationen des Leidens, in denen gibt es nichts zu erklären. Es gibt Erfahrungen von Sinnlosigkeit, in denen jeder Versuch, einem betroffenen Menschen einen Sinn vermitteln zu wollen, fast grausam ist. Schließlich erlebt dieser Mensch gerade einfach Sinnlosigkeit. Und was ein solcher Mensch braucht, ist jemand, der diese Sinnlosigkeit mit ihm zusammen aushält. Genau das ist aus meiner Sicht die Chance des christlichen Glaubens. Christen glauben schließlich an einen Gott, dessen menschliche Erscheinung in Jesus Christus am Kreuz geschrien hat: »Mein Gott, mein Gott, warum hast du mich verlassen?«

Es ist ein ungeheuerliches Phänomen der Religionsgeschichte, dass einer, der so schreit und die absolute Abgründigkeit des Leidens erlebt, als Sohn Gottes bezeichnet wird. Das ist für mich ein Grund, warum ich der festen Überzeugung bin, dass es vielleicht keine andere Perspektive des Lebens überhaupt gibt, die so stark fähig ist, genau solche Situationen der Sinnlosigkeit und der Verzweiflung aufzunehmen, indem sie sie einfach aushält, anstatt sie wegzuerklären.

Themenwechsel: Mitunter ist es gar nicht einfach zu merken, dass man glücklich ist. Zum Beispiel in der Liebe. Da lebt einer oder eine mit jemandem zusammen, den er oder sie wirklich liebt, dem er oder sie vielleicht sogar ein Eheversprechen gegeben hat. Und dann entsteht aus der Sehnsucht nach Abwechslung oder Selbstwertproblemen oder was auch immer ein Seitensprung. Und danach merkt er oder sie plötzlich, was damit alles kaputt gegangen ist und wie viel Glück zerstört ist. Warum weiß ich oft erst zu spät, dass ich glücklich war, und wie merke ich, dass ich glücklich bin?

Eine schwierige Frage und ein trauriges Beispiel. Mir fallen spontan zwei Begriffe ein, die Glücksforscher ins Spiel bringen, wenn es darum geht, sein Glück auf Dauer zu stellen – und die interessanterweise auch für Christen zentral sind: Dankbarkeit und Vergebung.

Okay. Was hat das mit dem Paar nach dem Seitensprung zu tun?

Ich versuche es zu erklären: Aus der Dankbarkeit leben bedeutet, dass wir nicht erst, wenn wir einen Menschen verlieren, feststellen, was wir an ihm oder ihr gehabt haben, und den vergebenen Möglichkeiten nachtrauern. Aus der Dankbarkeit für das, was wir *jetzt* haben, zu leben und nicht erst dem nachzutrauern, was wir verlieren, das ist für menschliche Beziehung, sei es in der Ehe oder in der Familie, von zentraler Bedeutung.

Das hat für mich ganz persönlich bedeutet, dass ich mir des großen Geschenks, zum Beispiel Kinder zu haben, eine Frau zu haben, die ich liebe, immer bewusst war. Und ich habe mich immer bemüht, bewusst jetzt wahrzunehmen, wie glücklich ich bin, anstatt es erst dann zu merken, wenn es vergangen ist. Es ist ein wesentlicher Aspekt eines erfüllten Lebens, dass wir lernen, für das, was wir haben, zu danken. Und zwar im Jetzt.

Und trotzdem kann natürlich etwas passieren, wie ein Seitensprung oder ein anderer Verrat. So ein Verrat ist eine schwere Krise – aber vielleicht muss er nicht das Ende des gemeinsamen Glücks bedeuten. Und da kommt die Vergebung ins Spiel, die Glücksforscher für ein glückliches Leben für elementar halten. Wir müssen lernen zu vergeben. Jeder Mensch muss das. Für Christen ist das nichts Neues, im christlichen Glauben ist Vergebung ja von zentraler Bedeutung. Jedes Mal, wenn Christen das *Vater Unser* beten, bitten sie darum, dass sie dann, wenn andere Menschen ihnen Unrecht tun, die Kraft zur Vergebung haben und umgekehrt auf Vergebung hoffen dürfen: »Vergib uns unsere Schuld, wie auch wir vergeben unseren Schuldigern.«

Die Themen Vergebung und Dankbarkeit sind zentraler Bestandteil christlicher Frömmigkeit. In jedem Gottesdienst wird ein Dankgebet gesprochen. Auch das Bekenntnis zu Gott als dem Schöpfer ist im Grunde ein Dankbekenntnis, weil es sagt: Wir Menschen verdanken uns nicht uns selbst, sondern wir verdanken unsere Existenz Gott als unserm Schöpfer.

Dank und Vergebung sind also zwei Themen, die die Glücksforscher als wichtige Themen identifizieren, die gleichzeitig Kernthemen des christlichen Glaubens sind.

Ist es nicht interessant, dass alle Welt von Glück spricht, sich nach Lebensglück sehnt, dass aber Glück als Entscheidungskriterium in der Politik zum Beispiel kaum eine Rolle spielt? Wenn zum Beispiel die Steuerpolitik diskutiert wird, kommt das Glück der Menschen als Kriterium in der Diskussion nicht vor. Es geht immer um Gerechtigkeit. Hat die Frage nach Glück in der Politik nichts zu suchen, beziehungsweise hätte Glück als Kriterium nicht mehr Aufmerksamkeit verdient?

Es gibt in der Politik im Moment in der Tat eine spannende Entwicklung. Die Frage nach Glück gewinnt etwa bei den Wirtschaftspolitikern an Bedeutung. Die fragen heute verstärkt danach, was Wohlstand eigentlich ist. Bislang galt als maßgebliches Kriterium, als Indikator für Wohlstand, das Bruttosozialprodukt. Aber das ändert sich.

Nicht nur Ökonomen sehen inzwischen immer deutlicher, dass dieser materielle Wohlstandsindex, den das Bruttosozialprodukt ausweist, eben nur die halbe Wahrheit und manchmal sogar fast die Unwahrheit darstellt.

Jeder Verkehrsunfall steigert das Bruttosozialprodukt, aber bestimmt nicht das persönliche Glück.

Deswegen arbeiten im Moment Forscher an den Universitäten, in diesem Fall aber auch ganz konkret eine Enquête-Kommission des Bundestages, an der Frage, wie wir die Wohlstandsindikatoren so verändern können, dass sie ihre Verengung auf materiellen Wohlstandszuwachs überwinden. Das ist eine ganz spannende Sache und nimmt vieles auf, was gerade aus dem Raum der Kirchen seit vielen Jahren gesagt worden ist, nämlich, dass zum Glück und Wohlstand einer Gesellschaft eben nicht nur materieller Zuwachs zählt, sondern auch die Frage sozialer Gerechtigkeit, die Gleich- oder Ungleichheit, der Umgang mit der Natur, die Frage der Bildung, die Lebenschancen der Schwächsten – all das spielt für die Lebenszufriedenheit eine genauso große Rolle wie der Zuwachs an materiellem Wohlstand.

Man hat sogar in der Glücksforschung festgestellt, dass es oberhalb einer bestimmten Einkommensgrenze, und die liegt auch für Industrieländer bei einem erstaunlich geringen Pro-Kopf-Einkommen von 25 000 bis 35 000 Dollar im Jahr, durch Einkommenszuwachs keinen Zuwachs an Lebenszufriedenheit mehr gibt. Das kann man empirisch feststellen. Das heißt, dass das Geld für die Lebenszufriedenheit eine viel geringere Rolle spielt als zum Beispiel die Frage der Ungleichheit.

Deswegen trägt ein Buch zu dem Thema, das Furore gemacht hat und mittlerweile international breit diskutiert wird, im Deutschen den Titel »Gleichheit ist Glück«. Die beiden Wissenschaftler Richard Wilkinson und Kate Pickett haben in ihren Untersuchungen festgestellt, dass die Gleichheit viel entscheidender für die Lebenszufriedenheit der Menschen ist als die absolute Höhe des materiellen Wohlstands. Deswegen ist der Untertitel des Buches auch: »Warum gerechte Gesellschaften für alle besser sind«.

Das kann ich nur bestätigen. Südafrika und Namibia sind im Gini-Index, der die Gleich- beziehungsweise Ungleichheit der Bevölkerung erfasst, die Länder mit der größten Schere. In Stellenbosch, wo ich ein Semester studiert habe, habe ich erlebt, welche krassen Auswirkungen das auf die Lebenswirklichkeit der Menschen dort hat. Die Ungleichheit bedeutet massives Unglück, für die Reichen und für die Armen. Im Vergleich zu Südafrika sieht es im viel ärmeren Land Ruanda beim Gleichheitsindex um einiges besser aus. Ich erinnere mich, dass du von deinen Reisen nach Ruanda überhaupt nicht von Unglück, eher vom Gegenteil berichtet hast. Glaubst du, da ist ein Zusammenhang?

Sicher ist da ein Zusammenhang. Das Erstaunliche an diesen Glücksforschungen ist ja, dass auch das materiell oberste Drittel der Bevölkerung in den Ländern mit mehr Gleichheit glücklicher ist. Auch die Reichen sind glücklicher, wenn die Gegensätze geringer sind. In Südafrika, wo der Unterschied zwischen Arm und Reich immer größer geworden ist, ist die Lebenszufriedenheit geringer als in einem Land wie Ruanda. Persönlich habe ich in Ruanda viel Zukunftszugewandtheit, viel Aufbruchsgeist und viel Glück unter Menschen gespürt, obwohl Ruanda nach wie vor ein sehr armes Land ist.

Mich haben meine Erfahrungen während der Monate in Südafrika sehr aufgerüttelt. Ich kann eigentlich gar nicht mehr über Glück nachdenken, ohne zu überlegen, wie meine Worte dort klingen würden. Ich bin als der wohlbehütete Europäer aus gesicherten Verhältnissen gekommen und habe einerseits mit Südafrikanern aus den Vororten von Kapstadt zusammengewohnt, von denen viele unglaublich reich waren, und andererseits mit Kommilitonen studiert, die nur dank eines Stipendiums überhaupt studieren konnten und sehr arm waren. In unserem Wohnheim habe ich mich manchmal wie ein armer Schlucker gefühlt, und draußen auf der Straße wurde ich in den Augen der Armen, die mich um 20 oder 30 Cent baten, zum Superreichen. Ich habe mich meiner Privilegien geschämt. Und wenn man sich den politischen Hintergrund klarmacht, wird man nur noch wütend: Die harte Form des Kapitalismus, die der *African National Congress (ANC)* in Südafrika vertritt, zementiert die Strukturen, die die Apartheid einst geschaffen hat. Für die Masse der Bevölkerung hat sich materiell nichts geändert. Und trotzdem steht der Westen daneben und spendet Applaus, weil Südafrika sich dem radikalen Liberalismus verschrieben hat. Ohne das hätte es vom Westen keine Kredite für den Wiederaufbau in den 90er Jahren bekommen. Der Westen hat dem *ANC* quasi verboten, soziale Politik zu betreiben, und hat dem neuen Südafrika seine marktradikale Ideologie als Patentrezept zum Glücklichwerden aufgedrückt. Dieses Rezept hat aber für die breite Masse der Bevölkerung in Südafrika offensichtlich völlig versagt. Bei all diesen Themen wird einem die Beziehung von Glück, gesellschaftlichem Zusammenhalt und materiellen Dingen jeden Tag mit voller Wucht ins Gesicht getreten. Davor kann man in Südafrika nicht wegrennen. Wenn man in die Townships reingeht und sieht, dass die Regierung öffentliche Toiletten ohne Häuschen baut und die Menschen mit Handtüchern umwickelt aufs Klo gehen müssen, vergeht einem echt Hören und Sehen.

Du sprichst die wahrscheinlich allergrößte Herausforderung an – auch im Hinblick auf das Thema Glück –, der wir gegenwärtig entgegensehen: die krasse weltweite Ungerechtigkeit durch die Tatsache, dass jeden Tag 25 000 Menschen sterben, weil sie nicht genügend Medizin oder Nahrung haben, obwohl sie in ausreichendem Maße auf der Welt vorhanden wäre. Das ist letztlich der größte Stachel in einer Perspektive, die das Glück nicht nur für sich selbst reserviert, sondern die Welt insgesamt einbezieht. Das eigene Glück, jedenfalls in der Perspektive des christlichen Glaubens, darf nie den Blick auf das Leiden der anderen verstellen. Glück muss das Leiden der anderen mit einbeziehen. Christus sagt in Matthäus 25: »Was ihr dem Geringsten meiner Brüder getan habt, das habt ihr mir getan.« Es geht um Christus selbst in der Frage unseres Umgangs mit den Menschen, die jetzt leiden.

Unsere tiefen Intuitionen sagen uns das auch. Die Beziehung zu anderen Menschen ist uns eben nicht egal. Wenn wir diese Intuitionen auch wirklich wahrnehmen und auf sie hören, dann kann eine Perspektive des persönlichen Glücks für uns nur bedeuten, dass wir das Unsere tun, um zu einer Welt zu kommen, in der alle Menschen in Würde leben können. Deswegen gehören für mich zum Glück immer auch die politische Perspektive und das persönliche Teilen.

Ich sehe es als eine der größten Aufgaben für die Kirchen, dass sie genau diese christliche Perspektive des Glücks, das auf die Leidenden hört und das Leid nicht verdrängt, in die Gesellschaft hineinbringen, es immer wieder zur Sprache bringen und sich zum Anwalt einer Vision der Welt machen, in der alles vermeidbare Leid von Menschen ein Ende hat.

Bei deinem 50. Geburtstag haben die Gäste den Kanon »Viel Glück und viel Segen« gesungen. Mir ist aufgefallen, dass du in der dritten Zeile statt »Frohsinn« immer den »Wohlstand« besingst. Warum?

Ich singe immer »Wohlstand«, weil für mich Wohlstand der viel umfassendere Begriff ist. Die meisten Leute singen »Gesundheit und Frohsinn« aus einer Scheu davor, als Materialisten zu gelten. Aber für mich ist das Wort Wohlstand ein völlig unbefangenes Wort, denn Wohlstand ist, was für mich das biblische Wort *schalom* ausdrückt. Das ist ein Wohlstand, der eben nicht meint »möglichst viel Kohle haben«, sondern der meint, »ein Leben führen zu können, in dem sowohl Frieden als auch Gerechtigkeit im Zentrum stehen«.

In heilen Beziehungen mit meinen Mitmenschen leben und genug zum Leben haben – das ist für mich *schalom*. Deswegen singe ich aus vollster Überzeugung: Viel Glück und viel Segen auf all deinen Wegen. Gesundheit und Wohlstand sei auch mit dabei!

2. Gott

JONAS BEFORD-STROHM

Wie reagierst du, wenn ich sage: »Ich glaube nur, was ich sehe. Ich sehe Gott nicht. Also glaube ich nicht«?

HEINRICH BEDFORD-STROHM

Der Satz »Ich glaube nur, was ich sehe« hat seinen guten Sinn. Es ist tatsächlich nicht vorstellbar, dass man von Gott und Religion redet ohne irgendeine sinnliche Erfahrung, ohne dass man etwas sieht, etwas schmeckt, etwas berührt. Aber zu behaupten, dass alles das, was man nicht sehen, riechen, fühlen oder schmecken kann, nicht existiert, wäre auch daneben. Ich glaube, dass man mit empirischen Mitteln nur einen Teil der Wirklichkeit erfassen kann. Echte Wirklichkeitserfahrung geht viel weiter als das.

Ich möchte das an einem Beispiel deutlich machen. Stellen wir uns einmal einen Moment lang vor, es dürfte nur das als rational und vernünftig gelten, was auch sinnlich erfahrbar beziehungsweise mit naturwissenschaftlichen Methoden messbar und nachweisbar ist. Dann könnte ich bei einem Empfang deine Mutter mit den Worten vorstellen: »Darf ich Ihnen meine Frau vorstellen? 68 Prozent Wasser- und Aschenbestandteile, 20 Prozent Kohlenstoff und Spurenelemente, sechs Prozent Sauerstoff, zwei Prozent Stickstoff, Materialwert 19 Euro 80.« Du würdest dir wahrscheinlich Sorgen um unsere Ehe machen und uns einen Eheberater empfehlen und hättest damit sicherlich auch Recht. Klar ist, die menschliche Wahrnehmung verarmt fürchterlich, wenn wir die Welt auf naturwissenschaftliche Formeln reduzieren.

Der Satz »Ich glaube nur, was ich sehe« gibt also nur einen Teil der Wahrheit wieder. Sehen können wir Gott in der Tat nicht. Spüren kann ich Gott aber schon. Wenn ich mit mir selbst oder anderen im Streit liege, nicht mehr weiterweiß und ich dann in der Anrede an etwas, was außerhalb meiner selbst liegt, nämlich Gott, plötzlich Ruhe und Frieden finde, dann mache ich eine Erfahrung, die ich nur in der Beziehung zu meinem Gott erleben kann. Man kann diese Erfahrung nicht erzwingen. Man kann sie auch nicht einfach durch Gebet herbeiführen. Diese Erfahrung stellt sich spontan ein. Was wir tun können, ist, darum zu bitten. Auch die Bibel erzählt von solchen Gotteserfahrungen.

Manchmal denke ich, alles könnte so einfach sein, wenn es nur eine klare Sachlage, ein Faktum, einen Beweis gäbe. Kann man Gott nicht doch irgendwie beweisen?

Nein. Gott kann man definitiv nicht beweisen, jedenfalls nicht mit empirischen oder logischen quasi objektivierbaren Schlussfolgerungen, denn das würde dem Wesen Gottes geradezu widersprechen. Wenn Gott wirklich Gott ist, dann ist er natürlich mehr als das, was menschliche Kategorien – seien es sinnliche oder Vernunftkategorien – erfassen können. Wenn man also meint, man hätte Gott bewiesen, kann man bei Verwendung seines Verstandes sicher sein, dass es nicht Gott ist, den man bewiesen hat.

Es ist nicht leicht, einfach so an Gott zu glauben, wenn man überall zum kritischen Nachfragen und zur skeptischen Distanz erzogen wird. Irgendwann habe ich versucht, mir persönlich Gott zu »erdenken«. Ich hörte in mich rein, schaute mich um und habe festgestellt, wie unvollkommen der Mensch ist. Mit den Gesetzen der Evolution im Hinterkopf war ich mir plötzlich sicher, dass es da noch irgendwas Größeres, Höheres, Besseres geben müsse. Der Mensch konnte mit all dem Mist, den er jeden Tag vollbringt, einfach nicht die höchste Stufe sein. Wir ahnen, was das Ideal ist, schaffen es aber nie, das Ideal auch zu erreichen. Da war plötzlich ein Vakuum. Das Einzige, was dieses Vakuum halbwegs logisch ausfüllt, war für mich seitdem irgendeine höhere Instanz, irgendeine Form von Gott. Gleichzeitig habe ich gemerkt, wie gewollt diese »Gotterdenkung« ist. Im Grundschulzeugnis würde dazu stehen: Jonas hat sich stets bemüht ... In Klammern könnte man anfügen: Erreicht hat er aber eher nichts. Wenn man also feststellt, dass Gott nicht abschließend zu beweisen ist, gibt es dann wenigstens eine Lerntechnik, Gott zu verstehen?

Angesichts des rasanten Fortschritts in Forschung und Technik einerseits und der Ratlosigkeit im Bezug auf die Ungerechtigkeit und das Leid in der Welt stellt sich einem modernen Menschen tatsächlich immer wieder die Frage, ob man heute eigentlich noch das Wort »Gott« in den Mund nehmen kann, ohne seinen Verstand »an der Garderobe abzugeben«. Meine Antwort ist jedoch ein klares »Ja«. Es ist genauso rational, die Welt mit einer Gottesvorstellung zu deuten, wie es rational ist, sie ohne Gott zu deuten. Wenn Gott existiert, dann ist er mehr, als wir Menschen verstehen können. Genau das ist ja das Charakteristische einer Gottesvorstellung.

Nehmen wir also einmal an, es gäbe Gott. Dann müsste es mit dem menschlichen Verständnis dieses Gottes ein bisschen so sein wie mit einem Fisch im Aquarium: Der kennt nur die Wasserwelt um sich herum und weiß nichts darüber, was sich außerhalb seines Aquariums abspielt. Jedenfalls kann er es mit den Möglichkeiten eines Fisches nicht nachvollziehen oder gar beweisen. Für ihn endet die sichtbare und sinnlich erfahrbare Welt an den Glasscheiben. Trotzdem gibt es eine Welt außerhalb des Aquariums.

Dieses Beispiel zeigt die Grenzen der Beweisbarkeit auf, indem es uns auf die Grenzen unseres Verstands hinweist. Weil Gott – um in der Sprache des Beispiels zu bleiben – außerhalb unseres Aquariums, unserer rational erfassbaren Welt existiert, können wir Gott nicht mit Vernunftkategorien beweisen. Genauso wenig können wir aber auch die Aussage beweisen, dass es definitiv keinen Gott gibt. Wir müssen also feststellen, dass vom Standpunkt einer aufgeklärten Vernunft weder die Behauptung, es gäbe Gott, noch die Behauptung, es gäbe keinen Gott, einen Vorrang der Vernünftigkeit hat.

Wenn man sich aber die Entwicklung der Wissenschaft anschaut, sieht es aus, als würden manche Naturwissenschaftler genau danach streben, Religion mit empirischen Mitteln überflüssig zu machen oder die menschlichen Grundlagen für eine rational zu rechtfertigende Religion zu nehmen. Manche Neurowissenschaftler haben zum Beispiel versucht, den freien Willen des Menschen zu widerlegen. Kann das Wissen der Naturwissenschaft den Glauben der Religionen ersetzen, oder übernimmt sich die Naturwissenschaft mit solchen Bestrebungen?

Die Frage, ob die chemischen Prozesse, die bei menschlichen Entscheidungen ablaufen, naturgesteuert sind oder

– umgekehrt – die Chemie den Entscheidungen des Menschen folgt, können die Naturwissenschaften nicht beantworten. Dass man Entscheidungsprozesse chemisch abbilden kann, ist in der Tat eine interessante neue naturwissenschaftliche Erkenntnis. Einen Beweis dafür, dass die Prozesse völlig frei von Freiheit sind, ist mit dem aktuellen Stand der Forschung aber nicht zu führen.

Ein anderes Beispiel: die Schöpfungsgeschichte. Man kann doch unreligiösen oder gerade auch christentumskritischen Menschen nicht übelnehmen, dass sie angesichts eines solchen Textes den Glauben als naiv und widerlegt empfinden. Schöpfung in sieben Tagen, heißt es, sei vollkommener Blödsinn und von der Evolutionstheorie widerlegt.

Das Verständnis der Schöpfungsgeschichte als naturwissenschaftliche Darstellung ist das größte Missverständnis der Bibel, das ich kenne. Dieses Missverständnis belastet das Nachdenken über Gott und die Bibel seit Generationen. Die Verfasser dieser knapp 2600 Jahre alten Schöpfungstexte hatten natürlich nicht das naturwissenschaftliche Weltverständnis, das wir heute ganz selbstverständlich voraussetzen. Wenn diese Menschen von der Schöpfung in sieben Tagen sprechen, ist das nicht als historischer Bericht gedacht. Der Text ist vielmehr ein Ausdruck ihrer eigenen Wirklichkeits- und Naturerfahrung:

Die Menschen wollten mit dieser Darstellung deutlich machen, dass die Natur von Gott geschaffen ist, also aus guter Hand kommt und damit etwas ist, wofür sie dankbar sein können. Sie wollten weiterhin zeigen, dass die Natur ein von Gott wohlgeordnetes Gebilde ist. Die Schöpfungsgeschichte ist für ökologische Fragen von heute von großer Bedeutung, weil in ihr sichtbar wird, dass die Menschen damals in ihren Gotteserfahrungen schon sehr deutlich verstanden hatten, wie die verschiedenen Bereiche der Natur ineinanderspielen.

Und die Schöpfungsgeschichte zeigt zudem sehr deutlich, dass der Mensch in Beziehung zur Natur lebt. Er steht nicht einfach über der Natur, sondern ist in das Schöpfungswerk Gottes eingebunden. Er trägt deshalb auch Verantwortung vor Gott für die Art, wie er mit der Natur umgeht.

Wenn es in der Bibel zum Beispiel heißt, dass der Mensch über die Fische im Meer und die Vögel am Himmel herrschen soll, wie Martin Luther 1. Mose 1,28 übersetzt, dann ist damit eben nicht gedankenlose Ausbeutung und Missbrauch, sondern Verantwortung und Fürsorge gemeint. Das ist das Anliegen, das die Verfasser dieser Texte zum Ausdruck bringen wollten.

Okay, das ist alles schön und gut. Aber wenn ich an meine Freunde denke und auch an andere Jugendliche, so scheint der Gottesglaube in christlicher Form kaum noch verbreitet zu sein. Dennoch brodeln die religiösen Fragen unter der Oberfläche: Abends am Lagerfeuer habe ich oft erlebt, dass nach ein paar Bierchen die Frage nach dem Sinn des Lebens aufkommt und – damit verbunden – die Frage nach Gott. Aber offen darüber reden können wohl die wenigsten von uns. Woran liegt das? Warum fällt das älteren Menschen offenbar leichter?

Je älter Menschen werden, desto mehr Grenzerfahrungen machen sie. Themen wie Tod, Leid oder Krankheit tauchen meist erst später im Leben verstärkt auf. Wir Älteren beschäftigen uns deshalb öfter mit der eigenen Unzulänglichkeit, den eigenen Grenzen und den Beschränkungen, denen wir unterworfen sind. Die Frage lautet dann: Wie gehen wir mit den Erfahrungen um, in denen ganz klar ist, dass wir nicht Handelnde sind, sondern mit Dingen umgehen müssen, die wir nicht oder nur bedingt beeinflussen können?

Solche Erfahrungen entsprechen dem Lebensgefühl von Jugendlichen tatsächlich kaum. Bei uns geht's wohl eher ums Anfangen, ums Vorwärtskommen: die Welt entdecken, die erste Liebe, sich kennen lernen, erwachsen werden, Studium, Ausbildung, eigene Wohnung, der Start ins Berufsleben ...

Dieses Lebensgefühl bringt interessanterweise die Bibel selbst auch zur Sprache, in der Kirche reden wir offenbar aber viel zu wenig darüber. Zum Beispiel über den Überschwang der Gefühle, über junge zornige Männer, wie David einer war – oder Jesus. Oder mutige Frauen wie Lydia in der Apostelgeschichte, die als Tuchhändlerin in der Modebranche tätig war. Oder wenn es in den Psalmen heißt: »Wie wunderbar ist es, dass du mich gemacht hast!« (Psalm 139). Das Gefühl der Lebenslust, der Freude, der Liebe, auch der Erotik, das sind ja alles Dinge, die in die christliche Tradition hineingehören.

Gesetzt den Fall, es gäbe Gott, ist er dann eigentlich beleidigt, wenn ich nicht an ihn glaube?

Eindeutig nein. Gott braucht deinen Glauben nicht. Gott liebt *alle* Menschen und nicht nur Christen. Er wendet sich auch den Menschen zu, die nicht an ihn glauben. Das ist kein Problem Gottes, sondern ein Problem des Menschen. Für den Menschen bedeutet das Nicht-Glauben nämlich, dass er für viele wesentliche Dimensionen des Lebens keine Sprache hat und damit auch keine Deutungskategorien. Deswegen glaube ich, dass sich Gott freut – wenn wir jetzt mal so menschlich über ihn reden –, wenn Menschen in Beziehung zu ihm treten. Andererseits leidet Gott auch am Leiden der Welt und leidet mit, wenn Menschen die liebende Zuwendung Gottes nicht erfahren können. Das ist Gott nicht egal, und insofern ist er davon schon betroffen.

Aber Gott sieht sich sicher nicht in seiner eigenen Ehre gekränkt, wenn Menschen nicht an ihn glauben – auch wenn diese Deutung in manchen Bibeltexten anklingt. In dem, was wir von Jesus über Gott wissen, erlebe ich Gott als einen liebenden Gott, der sich den Menschen zuwendet.

Dass Gott die Menschen liebt, habe ich ja von klein auf immer wieder gehört. Das ist einer der zentralen Sätze des Christentums. Aber es ist trotzdem schwer für mich, das zu fühlen. Woher kommt diese Erkenntnis? Warum liebt Gott die Menschen?

Da gibt es zwei Antwort-Möglichkeiten. Das eine ist die Ebene, die eher die Vernunft anspricht: Wenn wir Gott als den Schöpfer bekennen, also im Prinzip an einen Gott glauben, müssen wir auch davon ausgehen, dass wir selbst Teil seiner Schöpfung sind. Und da Gott nur etwas erschafft, an dem er auch Freude hat, ist natürlich das, was Gott geschaffen hat, auch Ausfluss dieser Freude. Der Schlüssel liegt also in der Schöpfungsgeschichte.

Das ist aber nur die logische Erklärung. Für mich ist die Erfahrung, die in der weiteren biblischen Überlieferung festgehalten ist, noch viel wichtiger: Vom Alten bis ins Neue Testament wird immer wieder deutlich, dass Gott um die Menschen kämpft, dass er um sie wirbt und sie liebt. Und das, obwohl sie Gott am laufenden Band bekämpfen oder sich nicht an die Gebote Gottes halten. Trotzdem möchte Gott die Menschen für sich gewinnen und dazu anhalten, die Lebensregeln, die ein erfülltes Leben ermöglichen, einzuhalten. Etwa die Zehn Gebote.

Ein weiterer Hinweis ist Jesus von Nazareth: Man kann diesen Jesus so deuten – und so hat es die Theologie immer wieder getan –, dass Gott Mensch wird, weil nur so deutlich wird, wie sich Gott den Menschen gedacht und ihn, als Mann und Frau, eigentlich geschaffen hat. Das ist der Ausgangspunkt der Kirche gewesen.

Sich darauf einzulassen und sich immer wieder in die Beziehung mit diesem Gott zu begeben, sich auch immer wieder die Erfahrung zu gönnen, sich geliebt zu fühlen, das ist letztlich das, was Christen als Frömmigkeit bezeichnen. Und das ist nichts, was man nur rational herleiten kann. Dieser Näherungsversuch lebt davon, dass man sich die biblischen Texte immer wieder ans Herz gehen lässt, dass man durch das Singen sein Herz öffnet, dass man im Gottesdienst der Liturgie und der Predigt zuhört. Wenn es gut läuft, erreicht das alles nicht nur den Kopf, sondern auch das Herz. Und dann kann ich auch tief im Herzen glauben, dass ich ein geliebtes Geschöpf bin.

Bei den Sätzen »Gott liebt die Menschen. Gott kämpft sogar um die Menschen« musste ich gerade an die Geschichte in der Bibel denken, in der Abraham von Gott angewiesen wird, seinen Sohn Isaak auf dem Scheiterhaufen zu opfern. Das klingt eher nicht so nach Liebe.

Das ist in der Tat eine sehr herausfordernde Geschichte. Wie die Bibel zu lesen ist und was es mit der »Hermeneutik«, der Kunst des Verstehens, auf sich hat, werden wir noch besprechen. Die Frage ist also erst einmal: Was ist der Sinn dieser Geschichte von Abraham und Isaak? Aus meiner Sicht besteht er darin, von der Erfahrung zu erzählen, dass wir Menschen manchmal in Grenzsituationen gelangen, in denen wir nicht verstehen können, warum wir diese oder jene Erfahrung machen müssen. Wir erfahren Gott manchmal als eher zerstörend statt als fördernd. In solchen Situationen können wir Gott eigentlich nur ablehnen. Insofern ist der Konflikt, in den Abraham gebracht wird, Ausdruck einer bestimmten Gotteserfahrung.

Wer aber jetzt weiterliest und die Spitze der Geschichte anschaut, entdeckt, wie Gott im letzten Moment sagt: »Hebe deine Hand nicht gegen den Knaben.«

Die Geschichte symbolisiert religionsgeschichtlich also gerade den Verzicht auf das Menschenopfer. Sie zeigt einmal mehr, dass Gott ein Gott des Lebens ist und eben nicht den Tod will, erst recht nicht, um Gehorsam gezeigt zu bekommen. Gott überwindet den Tod. Am stärksten findet das später in der Bibel Ausdruck in der Geschichte der Auferstehung Jesu Christi.

Du hast vorhin von Frömmigkeit gesprochen. Das ist auch so ein altmodischer Begriff. Wer will schon fromm sein? »Fromm«, das klingt nach einer spießigen, tadelnden alten Nonne. »Gott der Liebe« fällt mir da jedenfalls nicht ein. Was passiert also deiner Meinung nach, wenn man nicht fromm genug ist und nicht gut genug glaubt? Kommt ein Atheist in die Hölle?

Glücklicherweise sind es nicht wir Menschen, die hier irgendwelche Plätze in Himmel oder Hölle zuweisen. Dass einer, der immerzu von Christus spricht, aber seinen Nächsten missachtet, eher in den Himmel kommt als einer, der kein Christ ist, aber die Hungrigen speist, die Fremden aufnimmt und die Gefangenen besucht, kann man sicher auch nicht sagen. Und an der Frömmigkeit lässt sich das schon allein deswegen nicht ablesen, weil ich jedenfalls keine verlässliche Beurteilungsskala für Frömmigkeit kenne. Auf die Nonnen lasse ich aber nichts kommen. Du müsstest einmal echte Nonnen von heute kennen lernen, dann wärst du wahrscheinlich überrascht, wie viele *Powerfrauen* unter ihnen sind. Die übergroße Mehrheit der Nonnen sind dem Leben zugewandte, kraftvolle Menschen, die ihr Leben wirklich Gott und damit den Menschen widmen. Höchst eindrucksvolle Frauen.

Aber du hast sicherlich auch Recht, dass der Moralismus und die Strenge mancher Formen der christlichen Tradition vieles verbaut haben. Einigen Menschen hat dieser Leben verneinende Stil den Zugang zu Gott verschlossen, anstatt – was ja eigentlich der Sinn sein sollte – den Zugang zu Gott zu eröffnen. Eine wichtige Aufgabe für uns in der Theologie und der Kirche besteht darin, gerade jungen Leuten genau das klarzumachen. Glaube und Gotteserfahrung bedeuten nicht Moralismus und Einengung, sondern – im Gegenteil – bedeuten Freiheit.

Gott und Freiheit. Das musst du mir erklären.

Gott und Freiheit sind untrennbar miteinander verbunden: Wenn ich tief in meiner Seele weiß, dass ich von Gott geliebt und ganz angenommen bin, wenn ich weiß, dass ich mir diese Liebe nicht erst verdienen muss, macht mich der Glaube in der Tat frei. Damit hört die Überforderung auf, die ich erfahre, wenn ich mich immer bemühen muss, irgendwelche Ansprüche zu erfüllen. Ich darf einfach von innen heraus in Freiheit leben.

Martin Luther, für den dieses Thema besonders wichtig war, hat gesagt, dass aus der Erfahrung der Liebe Gottes automatisch auch die Liebe zum Nächsten erwächst. Er sagt, dass die Liebe Gottes, die ich in meinem Herzen erfahre, auf den Nächsten überfließt und ich deswegen aus Freiheit handle. Ich diene und helfe dem Nächsten dann aus mir selbst heraus, weil ich es wirklich will, und nicht weil ich irgendwelchen moralischen Ansprüchen genügen möchte.

Was für agnostische oder sogar für tendenziell atheistische Menschen religiös noch am zugänglichsten ist, ist der Glaube, dass der Geist Gottes in allem steckt, in der Natur zum Beispiel. Es ist eine Art Mutter-Erde-Spiritualität. Manche sprechen von der Kraft des Universums. Die Starwars-Filme nennen es »die Macht«. Stehen diese religiösen Ideen im Widerspruch zum Christentum?

Ich würde nicht sagen, dass sie im Widerspruch stehen. Aber sie beantworten sehr entscheidende Fragen des Lebens nur ungenügend. Themen, die mir da in den Sinn kommen, sind Sünde und Gebrochenheit, die Erfahrung des Bösen also. Wie gehen wir zum Beispiel mit Gewalt um? Die Schöpfung ist nicht nur Harmonie – das Thema werden wir später noch vertiefen –, aber moderne Naturreligionen tendieren dazu, sie als solche zu deuten. Das Gegenteil ist jedoch der Fall: In der Schöpfung selbst steckt Gewalt. Wenn zum Beispiel eine Katze eine Maus erwischt hat, tötet sie diese nicht einfach, sondern spielt so lange mit ihr, bis die Maus erschöpft und verzweifelt aufgibt. Das kann man nicht einfach mit Harmoniebildern erfassen.

Trotzdem können wir im Christentum von diesen Religionen viel lernen. Sie machen nämlich sehr deutlich, dass der Geist Gottes in der Schöpfung ist und der Mensch über die Erde nicht nach Belieben verfügen kann. Das ist im Grunde ganz im Einklang mit der christlichen Tradition. Christen hatten das lange vergessen, und die Naturreligionen haben uns daran wieder erinnert.

Das Gegenteil zu den Religionen, die Gott als Geist betrachten, sind diejenigen, die Gott als Person verstehen. Manche Religionen haben Tausende und Abertausende verschiedene Götter, der Hinduismus beispielsweise. Warum hat das Christentum einen einzigen Gott, aber dann, der Trinitätslehre folgend, doch irgendwie drei Götter?

Drei Götter hat der christliche Glauben nicht. Die Trinitätslehre sagt ja gerade, dass die drei Formen Gottes letztlich Erscheinungsformen des *einen* Gottes sind. Was den Vielgötterglauben angeht: Polytheistische Gottesvorstellungen können eine entscheidende Erfahrung des christlichen Gottesglaubens so nicht erfassen – die Erfahrung nämlich, dass sich Gott uns Menschen in Jesus Christus verbindlich zu erkennen gegeben hat.

Das Christentum kennt keine Pluralität von Göttern,

die sich sogar teilweise gegenseitig bekriegen. Das Christentum hat keinen unendlichen Götterkosmos, in dem der Mensch verschwindet. Das Christentum hat eine sehr nahbare, ja sogar anfassbare Gottesvorstellung. Gott ist keiner, dem wir Menschen ausgeliefert sind, sondern er liefert sich selbst den Menschen aus.

Dass dieser Jesus von Nazareth von Menschen ans Kreuz genagelt wird, also Gewalt erfährt und die tiefsten Tiefen der menschlichen Erfahrung selbst erleidet, ist eine ungeheuer revolutionäre Vorstellung. Der christliche Gott wendet sich den Menschen deswegen besonders glaubwürdig zu, weil er selbst sich unter die Menschen begeben hat. Und deshalb ist für mich nur dieser Gott ein wirklich tröstlicher Gott, weil ich weiß, dass da, wo ich am tiefsten unten bin, wo ich Menschen verliere, wo ich vor Trauer untergehe, wo ich leide, wo ich weine, wo ich verzweifelt bin, dieser Gott ganz nah ist.

Ich habe ja schon auf den Ruf Jesu am Kreuz hingewiesen: »Mein Gott, mein Gott, warum hast du mich verlassen?« Eine ungeheure Vorstellung! Das bedeutet nämlich, so paradox das klingt, dass derjenige, in dem sich Gott zeigt, sich selbst von Gott verlassen fühlt. Daher weiß ich, dass Gott in *allen* Dimensionen des Lebens bei mir ist: in der Freude, im Glück, aber eben auch in der Schwäche, im Unglück und den tiefsten Tiefen des Menschseins.

Und wenn es wirklich stimmen würde, dass dieser Gott Jesus Christus wieder auferweckt hat von den Toten, dann gibt es keine einzige Erfahrung des Lebens mehr, die ins Nichts versinken kann. Dann darf man wirklich überzeugt sagen, was die ehemalige EKD-Ratsvorsitzende Margot Käßmann in ihrer berühmten Rücktrittsrede erklärt hat: »Ich kann nie tiefer fallen als in Gottes Hand.«

Du formulierst: »Wenn das wirklich stimmen würde.« Warum der Konjunktiv? Stimmt es wohl nicht?

Ich bin überzeugt, dass es stimmt. Ich formuliere aber bewusst »wenn das stimmen würde«, um erst einmal deutlich zu machen, wie faszinierend der Gedanke an sich ist.

Ich staune immer wieder, wie fasziniert du vom Christentum bist.

Das bin ich in der Tat.

Gab es einen Moment, in dem es Klick gemacht hat? Wie bist du zum Christentum gekommen?

Ich stamme ja aus einer Pfarrersfamilie, insofern hatte ich von klein auf mit dem Christentum zu tun, kannte die biblischen Geschichten vom Kindergottesdienst, aus der Schule, aber eben auch von meinen Eltern. Insofern habe ich früh eine Vorstellung vom Profil des Christentums entwickeln können. Trotzdem bin ich in den Wunsch, Theologie zu studieren und Pfarrer zu werden, allmählich hineingewachsen. Zunächst habe ich mit Jura angefangen, auch weil ich nicht das Gefühl hatte, fest genug zu glauben, um Theologie zu studieren. Im Jurastudium habe ich dann aber gemerkt, dass mich die Grundsatzfragen doch am meisten interessiert haben. Ich habe mehr in der Bibel gelesen, bin gleichzeitig auch mehr in den Gottesdienst gegangen und habe gemerkt: Das bringt mir was. Das war die Basis. Dann habe ich meinen Onkel, einen Theologieprofessor, gefragt: »Meinst du, das bisschen Glaube reicht, um Theologie zu studieren?« Er hat

»Ja« gesagt. Ich bin ihm heute noch dankbar dafür, weil ich es keine Sekunde bereut habe.

Durch das Theologiestudium habe ich gemerkt, dass das Christentum eine Tradition ist, in der ich mich aufgehoben fühle und in der viele meiner Fragen beantwortet werden. Nicht in der Art eines Beweises, aber so, dass es für mich eine intuitive Stimmigkeit hatte. Vor allem hat mir die Theologie dabei geholfen, für manche Probleme überhaupt eine Sprache zu finden. Probleme, die sich für mich mit reiner Vernunft-Argumentation einfach nicht befriedigend klären ließen – zum Beispiel die Frage, ob es ein Leben nach dem Tod gibt und wie ich es mir vorstellen kann. Je mehr ich mich damit beschäftigt habe, desto faszinierender war das Christentum für mich. Deswegen bin ich Pfarrer geworden.

Immer wieder wird ja vom moralischen Verfall in der Gesellschaft gesprochen. Steht das für dich in einem Zusammenhang damit, dass immer weniger Menschen an den Gott der Bibel glauben?

Die Klage über Werteverfall wegen mangelnden Glaubens halte ich für falsch. Man kann nicht über moralischen Druck oder Appelle erreichen, dass Menschen die befreiende Kraft des christlichen Glaubens neu entdecken. Viel besser ist, plausibel zu machen, wie sehr diese alten Traditionen ein erfülltes Leben ermöglichen. Wichtig ist, zu begeistern, anstatt zu belehren oder zu ermahnen. Christen müssen selbst ausstrahlen, welch große Kraft der Glaube für Menschen von heute hat.

3. Jesus

JONAS BEDFORD-STROHM

Wir haben gerade über Gott gesprochen und die Schwierigkeiten der Menschen, Gott zu begreifen. Was das Christentum zum Christentum macht, ist aber ja nicht nur der Glaube an Gott, den Vater, sondern vor allem der Glaube an Gott, den Sohn; Jesus also. Gleiche Frage wie vorhin: Gab es Jesus? Oder steiler: Gibt es Jesus?

HEINRICH BEDFORD-STROHM

Diese Frage ist für den christlichen Glauben in der Tat von ganz entscheidender Bedeutung. Ich werde sie in zwei Schritten beantworten. Es gibt zum einen die Frage, ob es Jesus von Nazareth überhaupt als historische Person gegeben hat, und zum anderen die viel schwierigere Frage, warum Christen von Jesus als dem auferstandenen Christus sprechen.

Mit an Sicherheit grenzender Wahrscheinlichkeit kann man sagen, dass Jesus von Nazareth gelebt hat. Jesus war also eine historische Person; das ist weithin unumstritten. Auch die Vertreter anderer Religionen wie Judentum und Islam gehen ganz selbstverständlich davon aus, dass Jesus gelebt hat, und auch für diese Religionen hat Jesus eine ganz besondere Bedeutung. Aber natürlich wird er dort nicht als Christus, in dem Gott selbst Mensch geworden ist, verstanden.

Aber dass auch andere Religionen von der Existenz Jesu ausgehen, ist doch nicht mehr als ein Indiz. Ein wissenschaftliches Argument hätte für viele mehr Gewicht. Was sagen die Historiker über diesen historischen Jesus?

Es gibt verschiedene Quellen unabhängig von der Bibel, die die historische Existenz Jesu voraussetzen. Ein Beispiel ist der Historiker Publius Cornelius Tacitus. Der spricht in einer Biographie des römischen Kaisers Nero über Jesus Christus und das frühe Christentum. Im 15. Buch seiner *Annalen* schreibt Tacitus über den Brand Roms im Jahre 64 nach Christus und über den Versuch Neros, die Schuld dafür den Christen zu geben. Über die Bezeichnung *Christen* berichtet Tacitus: »Dieser Name stammt von Christus, der unter Tiberius vom Prokurator Pontius Pilatus hingerichtet worden war.« Er spricht von dem »verderblichen Aberglauben«, der am Anfang unterdrückt wurde, später wieder hervorgetreten sei und sich dann verbreitet habe. Hier spricht jemand, der das Christentum definitiv ablehnt. Selbst der Kritiker setzt also die historische Existenz Jesu in großer Selbstverständlichkeit voraus.

Ganz abgesehen davon: Dass es mit den vier Evangelien vier umfangreiche Lebensgeschichten von Jesus gibt, die unabhängig voneinander unterschiedliche Aspekte von Jesus berichten, ist ein weiteres starkes Argument.

Wenn wir also davon ausgehen, dass Jesus von Nazareth gelebt hat, dann ist die Weihnachtsgeschichte eine biografische Erzählung seiner ersten Lebensmonate. Teil dieser Geschichte ist auch die Jungfrauengeburt, eine etwas merkwürdige Begebenheit. In moderne Sprache übersetzt, bedeutet das doch, dass Gott Maria geschwängert hat. Ist das wirklich wörtlich zu nehmen?

Wenn man diese alten Texte liest, muss man in der Tat sehr genau hinschauen, was man als historisches Faktum verstehen darf und was als Ausschmückung und Legende, die im Laufe der Zeit dazugewachsen ist, verstanden werden muss. Aber auch Passagen, die man nicht wörtlich-historisch versteht, haben ihren Sinn. Den gilt es zu erklären.

Ich bin ganz Ohr.

Aufgrund der historischen Daten der verschiedenen Herrscher, die in der Bibel genannt werden, kann man davon ausgehen, dass Jesus paradoxerweise zwischen 4 und 6 vor Christus geboren ist. Die Weihnachtsgeschichte nach Lukas, die bei uns an Weihnachten vorgelesen wird, die enthält nun in der Tat einige Passagen, die zwar Wahrheiten über Jesus aussagen, aber nicht im naturwissenschaftlichen Sinne wörtlich verstanden werden dürfen. Dazu gehört auch die Jungfrauengeburt. Das griechische Wort, das an der Stelle verwendet wird, kann auch als »junge Frau« übersetzt werden. Also schon bei der Übersetzung ist unklar, ob man wirklich von Jungfrau im heutigen Sinne sprechen kann. Wenn man von der Jungfrauengeburt spricht, ist das Entscheidende, dass Jesus als ein ganz besonderer Mensch gekennzeichnet werden soll. Das Motiv der Jungfrauengeburt hat es damals auch bei anderen Völkern in der Nachbarschaft zu Israel gegeben: Man hat dadurch zum Beispiel Könige gekennzeichnet. Insofern ist es kein zentraler Bestandteil des Glaubens, ob die Schwangerschaft Marias mit oder ohne Geschlechtsverkehr zustande gekommen ist. Darum geht es an der Stelle nicht. Es geht darum zu zeigen, dass dieser Mensch vom Geist Gottes beseelt war, und das von Anfang an.

Wenn eine Jungfrauengeburt einen König kennzeichnet, aber die Geburt Jesu im Stall stattfindet, klingt das erst mal paradox. Jeder erwartet heutzutage, dass besondere Menschen besonders behandelt werden. Jeder Bundespräsident, Kanzler, Abgeordnete, Minister, Rockstar, Showmaster, Vorstandsvorsitzende, Geschäftsführer oder Investmentbanker würde Irritationen auslösen, wenn er oder sie mit einem quietschgrünen, schrottreifen Fiat Uno ohne Zentralverriegelung und Radio vorfahren würde statt mit einem Wagen der Oberklasse. Wie kommt es, dass Jesus, der Messias, in irgendeiner Absteige statt in einem Palast geboren wird? Warum Krippe und nicht Himmelbett?

Die Geschichte von der Geburt Jesu ist für mich eine der faszinierendsten des christlichen Glaubens. Wir haben es hier mit jemandem zu tun, der als Sohn Gottes bezeichnet wird, als Verkörperung Gottes, als Fleisch gewordener Gott auf Erden. Und dieser sichtbar gewordene Gott ist einer, der unter ärmlichen Umständen geboren wird. Das passt überhaupt nicht zu den Gottesbildern, die Menschen sonst gerne haben, nämlich die vom erhabenen, mächtigen, prunkvollen Gott. Christen sind herausgefordert zu glauben, dass der christliche Gott ein mächtiger Gott ist, dass er aber seine Macht eben gerade nicht in der Herrschaft im herkömmlichen Sinne zeigt, sondern darin, dass er ganz bei den Schwachen, bei den Armen, ganz im Dreck sozusagen ist. Das stellt viele Gottesbilder in Frage, die Menschen sich zurechtlegen.

Deswegen muss man sagen, dass die Weihnachtsgeschichte völlig unabhängig davon, wie die genauen historischen Umstände waren, so aufgeschrieben wurde, weil sie etwas Zentrales über Jesus und Gott sagt. Gott wendet sich den Armen zu und lässt die Frohe Botschaft ausgerechnet von den Hirten weitertragen. Wir wüssten – das legen die Texte nahe – von der Frohen Botschaft heute vielleicht nicht, wenn nicht einfache Menschen sie weitergetragen hätten. Und dass die Engel in der Geschichte zu den Hirten sagen: »Fürchtet euch nicht, denn es ist euch eine große Freude widerfahren«, ist kein Zufall. Die Schutzlosigkeit des Kindes und die Tatsache, dass Jesus nicht auf einem Thron geboren wird, sondern in einer Krippe, ist eine bewusste, kraftvolle Aussage über den Gott, an den die Christen glauben.

Anders als die Weihnachtsgeschichte mit dem verletzlichen Kind in der Krippe, drücken die vielen Wundergeschichten in der Bibel aber sehr wohl Erhabenheit und Macht aus. In der Geschichte des Christentums haben viele diese Wundergeschichten wörtlich genommen. Was hat es mit diesen Wundern auf sich? Zum Beispiel die Sturmstillung, wie sie im Markusevangelium erzählt wird. Für mich klingt das im Grunde nach Hokuspokus.

Man muss in der Tat sehr genau darüber nachdenken, was diese Wundergeschichten uns im Lichte der neuesten Erkenntnisse der Wissenschaft sagen können.

Mein erster Gedanke ist, dass Wunder als etwas verstanden werden können, was die Gewohnheit durchbricht. Wunder können wir demzufolge mit unserem normalen Instrumentarium nicht erklären. Ich würde sagen, dass es solche Erfahrungen auch heute gibt. Es gibt Heilungen unheilbarer Krankheiten, die naturwissenschaftlich unerklärlich sind.

Trotzdem kann man niemandem versprechen, dass mit dem Glauben an Jesus Christus eine Krankheit plötzlich verschwindet. Das wäre unverantwortlich. So funktioniert es nicht. Die Wundergeschichten sind viel eher ein Hinweis auf die zentrale Bedeutung der nicht rational erklärbaren Kraft Jesu, die die Menschen damals erlebt haben. Als solche können wir die Geschichten der Wunder auch heute ohne Probleme lesen.

Wenn zum Beispiel in der Geschichte von der Sturmstillung ein plötzliches Unwetter aufkommt und die Jünger voller Angst Jesus wachrütteln, beruhigt er sie und fragt: »Warum habt ihr Angst? Habt doch mehr Vertrauen zu mir!« Und als er dem Sturm befiehlt: »Sei still! Schweige! Da legte sich der Sturm, und tiefe Stille breitete sich aus« (Matthäus 8,23–27 und Markus 4,37–41).

Wenn in der Geschichte der Sturm buchstäblich stille schweigt, sind hier weniger die meteorologischen Umstände interessant. Das Entscheidende dieser Wundergeschichte ist, dass derjenige, der sich ganz auf Jesus Christus verlässt, keine Angst mehr zu haben braucht. Insofern ist die innere Ruhe, die in dieser Geschichte fast körperlich spürbar ist, wenn Jesus aufsteht und den Sturm zum Schweigen bringt, für viele Menschen von hoher erfahrungsgesättigter Bedeutung. Menschen können es nämlich in der Tat als Wunder erleben, wenn sie in Situationen ohne Halt und Sicherheit plötzlich diesen Frieden finden. Auf diese Weise kann man solche Wundergeschichten auch ohne Hokuspokus gut verstehen.

Ich bin fest davon überzeugt, dass der Wert dieser

Wundergeschichten unabhängig von ihrem Verhältnis zu naturwissenschaftlichen Gesetzen, wie wir sie heute kennen, besteht. Genauso gilt aber auch, dass Gott nicht an bestehende naturwissenschaftliche Gesetzmäßigkeiten, wie wir sie heute beschreiben, gebunden ist.

Stell dir vor, du müsstest eine Laudatio auf Jesus halten. Wie würdest du ihn charakterisieren? Was ist sein Lebenswerk?

Ganz besonders an Jesus war, dass er eine Kraft ausstrahlte, die die Menschen als göttlich charakterisiert haben. Wo Jesus aufgetreten ist, haben die Menschen gespürt, dass hier etwas in Erscheinung tritt, was sie sonst nirgendwo gefunden haben. Jesus hat ihnen Frieden gegeben, er hat ihre Angst genommen, ihnen Trost gespendet, ihnen eine Orientierung gegeben, die sie so bei keiner anderen Person gefunden hatten. Deswegen würde ich Jesus zuallererst als personifizierte Kraft der Beziehung beschreiben, als jemand, der es geschafft hat, Menschen aus der Isolation herauszuholen. Er hat es geschafft, Ausgeschlossene in die Gemeinschaft hineinzubringen, ob es Zöllner waren, ob es Aussätzige waren, ob es Gelähmte, ob es Sünder waren, ob es Ehebrecher waren, ob es Kranke waren, ob es Arme waren: Allen hat sich Jesus zugewandt. Er hat sie damit anders als alle anderen Menschen als Gottes geliebte und gute Geschöpfe behandelt. Die gemeinschaftsstiftende Bedeutung des Wirkens Jesu ist ungemein wichtig.

Außerdem würde ich Jesus als Propheten vorstellen, der den Menschen ihre Grenzen aufgezeigt hat. Jesus war jemand, der auch in sehr harten Worten angeprangert hat, was im menschlichen Miteinander schiefläuft: »Tut Buße, denn das Himmelreich ist nahe herbeigekommen!« Gott kommt, deswegen ändert euer Leben! Ändert es in einer Art und Weise, die dem Reich Gottes entspricht! Deswegen ist die erneuernde Kraft Jesu von außerordentlicher Bedeutung.

Das wiederum ist eng verbunden mit dem Heilen Jesu. Überall, wo Jesus wirksam geworden ist, haben Menschen eine tiefe Heilung erfahren. Meist wird es als innere Heilung beschrieben, mitunter ist es aber auch eine sichtbare äußere Heilung, von Krankheiten zum Beispiel. Diese Heilungen verdankten sich der starken Ausstrahlung Jesu, die eben eine mehr als menschliche, eine göttliche Ausstrahlung war. Die Menschen haben gespürt: Das, was in mir zerrissen ist, wird wieder heil. Ich darf mich angenommen fühlen als Geschöpf Gottes.

Jesus war zudem ein sehr sprachgewaltiger Mensch. Er hat in wunderbaren Gleichnissen gesprochen, in denen er den Menschen seine Botschaft mit Bildern aus ihrer Alltagswelt nahegebracht hat. Deswegen haben ihn die Menschen verstanden.

Er war ein ethischer Lehrer, der die Menschen Regeln des Zusammenlebens gelehrt hat, die ein erfülltes Leben ermöglichen. Insofern hat er hilfreiche Orientierung fürs Leben gegeben.

Und Jesus war natürlich auch das, was die Religionswissenschaftler einen Kultstifter nennen würden, also jemanden, der die Menschen Formen gelehrt hat, in denen sie die Kraft Gottes im Gottesdienst erfahren können. Ein Beispiel dieses Stiftens ist das Abendmahl, in dem er kurz vor seinem Tod gemeinsam mit seinen Jüngern eine Form der religiösen Praxis begründet hat. Diese Praxis wird bis heute gepflegt und macht Jesus im gemeinsamen Gottesdienst erfahrbar.

Jesus war ein Märtyrer, der am Kreuz für seine Überzeugung gestorben ist. Er hat für die Menschen gelitten, den Tod nicht gescheut und seine Überzeugung nicht verraten.

Zuallerletzt ist Jesus der Auferstandene, der gezeigt hat, dass der Tod am Ende *nicht* das letzte Wort hat. Dass das Leben siegt. Wenn man die Laudatio auf Jesus irgendwie zusammenfassen möchte, ist das wohl die beste Beschreibung: Jesus hat mit seiner Auferweckung Hoffnung begründet. Jesus war nicht kleinzukriegen. Er ist nicht im Nichts versunken. Er ist auferstanden und hat gezeigt, dass das Leben siegt. Dadurch hat Jesus die Grundlage geschaffen, dass wir heute Hoffnung haben können.

Das klingt alles gut. Sogar plausibel. Aber irgendwie hab ich jedes Mal, wenn ich mich dabei ertappe, dass ich das alles eigentlich ganz gut finde, trotzdem Angst, dass ich auf einen obskuren Kult reinfalle, den irgendjemand vor zweitausend Jahren gestartet hat. Was, wenn das Christentum doch nur irgendeine Sekte ist, deren Erklärungen von Jesus und Gott plausibel klingen und damit der Erklärungssucht des Menschen Genugtuung verschaffen, aber das Glaubenssystem doch ein Luftschloss ist? Woher weiß ich, dass ich keinem verrückten Personenkult hinterherrenne?

Das ist natürlich eine Frage, die gestellt werden muss. Ich selbst habe mir diese Frage auch oft gestellt. Meine Antwort ist, dass die Behauptung, dass Jesus Gottes Sohn war und seine Wunder Wahrheit zum Ausdruck bringen, genauso rational ist wie zu behaupten, dass es so etwas nicht geben kann. Wer also wirklich seine Vernunft gebraucht, der weiß ganz genau, dass die Behauptung, die Auferstehung kann es nicht gegeben haben, genauso wenig beweisbar ist wie die Behauptung, *dass* es die Auferstehung gegeben hat.

Wenn es um Fragen der letzten Wirklichkeitserkenntnis geht, kommt man mit Vernunft, mit objektivierbarem Wissen nicht weiter. Es gibt bei allem Nachdenken einen Punkt, an dem es nicht mehr um Argumente, sondern um Vertrauen geht. In diesem Fall darf und kann man sagen: Ich lasse mich bewusst auf diese Tradition ein, die sich für mich bewährt hat und die für mich eine intuitive Kraft entfaltet.

Die These »Ich glaube nur, was ich sehe, und mit diesen ganzen Märchen braucht mir gar keiner zu kommen« kann man vertreten, nur kann man nicht behaupten, dass man mit dieser Haltung rationaler sei als der, der die andere These vertritt. Es kann sehr rational sein, sich auf Traditionen einzulassen. Vielleicht stellt man fest, dass das Leben viel reicher ist, wenn Menschen es wagen, ihren Skeptizismus über Bord zu werfen, um eine alte religiöse Tradition von innen kennen zu lernen.

Es hat seinen guten Sinn, eine solche Tradition, eine solche große *Story* von außen anzuschauen und kritische Fragen zu stellen. Aber genauso wichtig ist es, sich in die Tradition hineinzubegeben, die Geschichten ins eigene Herz zu lassen und zu spüren, welche Kraft sie entfalten.

Mal im Ernst, Geschichten wie die Auferstehung klingen schon ziemlich abgefahren. Jesus liegt im Grab. Vor dem Grab stehen Wachen. Es ist ein tonnenschwerer Stein vor der Tür, und Jesus hat einen Monsterdeckel auf seinem Sarg. Und plötzlich ist er weg, und alle sind irritiert. Das ist doch eine Zumutung für die Vernunft.

Natürlich kann man die Frage stellen, ob das Grab Jesu leer war oder ob der Leichnam ganz normal verwest ist. Man kann versuchen, eine rationale Antwort darauf zu suchen. Eine eindeutige Antwort wird man aber nicht finden. In der Geschichte der Auferstehung wird etwas beschrieben, was unsere Kategorien sprengt. Die Frage ist, ob wir die Geschichte trotzdem weitertragen können.

Was man sagen kann, ist, dass damals etwas wirklich Revolutionäres passiert sein muss, denn die Auferstehungserfahrung war grundlegend dafür, dass sich die christliche Botschaft in die ganze Welt ausgebreitet hat. Wenn sich das jemand nur ausgedacht hätte, ist es unwahrscheinlich, dass sich die Botschaft mit solcher Kraft entfaltet hätte. Sie wäre versickert, wie viele andere Heilsbotschaften vor und nach Jesus. Es gab so viele abstruse religiöse Ideen in dieser Zeit, aber nur das Christentum hat diese einmalige Dynamik entwickelt. Ganz offensichtlich ist da etwas Machtvolles passiert.

Was kann man also über die Frage sagen, ob das Grab leer war oder der Leichnam Jesu so im Grab lag, wie wir es von normalen Beerdigungen kennen?

Es gibt ein klares Indiz dafür, dass das Grab leer war. In den Texten über die Auferstehung gibt es eine Passage, die davon spricht, dass die Menschen damals das Gerücht in Umlauf gebracht hätten, dass der Leichnam gestohlen worden sei. Das deutet, weil es von den Gegnern kommt, darauf hin, dass das Grab in der Tat leer war.

Es gibt ein weiteres Indiz. Normalerweise bildet sich eine Kultstätte, wenn ein Mensch stirbt, der vielen wichtig war, und begraben wird. Das kann man heute an Michael Jackson und Elvis Presley studieren. So etwas wird nicht berichtet. Insofern ist die Wahrscheinlichkeit sehr groß, dass das Grab tatsächlich leer war.

Gut, wenn wir also davon ausgehen, dass das Grab leer war: Was bedeutet das? Hat Jesus sich gesagt: »Ach nee, Tod ist langweilig. Ich steh lieber wieder auf!«

So kann man das natürlich nicht sagen. Mit Langeweile hatte das nichts zu tun, aber viel mit der Beziehung Gottes zu den Menschen. Der christliche Glaube sagt ja, dass Jesus als Mensch *eins* war mit Gott. Und Gott, der Schöpfer, hat Macht über Leben und Tod. Gott ist also ganz bewusst den Weg der Menschen in den Tod mitgegangen, er hat sich sterblich gemacht, hat am Ende aber doch Ja zum Leben gesagt.

Das Bekenntnis, dass Jesus auferstanden ist, basiert auf den Erfahrungen der Jünger, die entgegen all ihren Erwartungen Jesus wiedergesehen haben. Jesu Gestalt ist zwar nicht Gestalt in Fleisch und Blut wie vor der Kreuzigung. Er ist aber trotzdem Jesus mit derjenigen Identität, mit der er vorher gelebt hat. Es ist also wirklich Jesus und nicht eine Geistgestalt. Was da wirklich im Grab passiert ist, kann man letztlich nicht gesichert sagen.

Ich stelle es mir vor wie eine Quelle, die aus einem Felsen entspringt. Was hinter dem Felsen genau passiert, woher das Wasser kommt, sieht man von außen nicht. Aber das Wasser quillt aus dem Berg heraus. Es wird zu einem Bach, zu einem Strom, befruchtet das Land und lässt es blühen. So stelle ich mir die Botschaft von der Auferstehung vor. Man *weiß* nicht, was hinter dem Felsen passiert ist, aber was wir wissen, ist, dass diese Kraft herausgeflossen ist. Diese Kraft hat die Menschen aufgerichtet, hat das Land fruchtbar gemacht und spendet bis heute in aller Welt den Menschen Trost und begründet Zuversicht und Hoffnung für die Welt.

Wenn ich das Felsquellen-Gleichnis als plausibel akzeptiere, was ist dann die theologische Bedeutung von all dem? Die Rechtfertigungslehre, auf die die Protestanten pochen, habe ich nie voll verstanden. Sie klingt für mich so: Jesus ist am Kreuz für uns gestorben und hat unsere Sünden auf sich genommen. Wir können also schön weitersündigen, ohne in die Hölle zu kommen. Korrekt?

Das ist nicht nur zu salopp formuliert, sondern insofern auch nicht richtig, als er nicht gestorben ist, damit wir »schön weitersündigen können«. Jesus ist gestorben, um Menschen *neu* zu machen, damit sie gerade *nicht* mehr sündigen. Er ist gestorben, damit die Menschen anders mit unseren Mitmenschen und der Schöpfung umgehen können, nicht damit sie so weitermachen wie bisher.

Aber lass uns von vorne anfangen. Zunächst mal ist äußerst bemerkenswert, dass derjenige, in dem Gott auf Erden sichtbar ist, niemand ist, der Gewalt mit Gegengewalt beantwortet. Jesus ist ein Folteropfer. Jesus stirbt am Kreuz mit einem Schrei der Gottverlassenheit. Jesus ist kein Heldentyp, kein Siegertyp in dem Sinne, dass er mit stählerner Haut alle Angriffe abwehrt. Jesus ist ein verletzlicher Mensch, er weint sogar. Er hat Angst im Garten Gethsemane, er braucht die Jünger, seine Freunde, er braucht Beistand. Jesus ist ein *echter* Mensch mit all den Ängsten und Problemen.

Diese Feststellung ist wichtig, denn ein Mensch könnte

in der Situation Jesu vor der Kreuzigung auch sagen: Ich wehre mich dagegen, dass mir nachgestellt wird. Ich wehre mich dagegen, dass ich festgenommen werde. Ich wehre mich dagegen, dass ich ans Kreuz genagelt werde. Das hat Jesus nicht getan. Er hat also durch seine Gewaltlosigkeit ein Zeichen gesetzt. Die Gewalt, die er erfahren hat, kann man als Symbol für die Gewalt in der Welt insgesamt sehen. Diese Gewalt hat er erlitten. Darin, dass er sie erlitten hat, daran sogar zugrunde gegangen ist, aber die Gewalt am Ende eben *nicht* gesiegt hat, darin liegt ein leidenschaftliches Bekenntnis zum Leben. Auch die Gewaltopfer, die heute überall auf der Welt zu beklagen sind, werden am Ende nicht im Nichts bleiben. Sie werden am Ende Gerechtigkeit erfahren, sie werden am Ende leben.

Der Apostel Paulus hat dem Verständnis von Kreuzigung und Auferstehung noch eine Deutung hinzugefügt, die Christen mit dem Begriff Sühnopferlehre bezeichnen. Diese Sühnopferlehre ist heutzutage schwer zu verstehen. Schon weil das Wort so unaussprechlich archaisch wirkt. Und trotzdem ist der Gedanke, dass Christus die Sünden der Menschen auf sich genommen hat, immer noch sehr sinnvoll. Paulus sagt, weil unsere Sünden gesühnt worden sind, dürfen wir ohne diese Sünden neu anfangen. Dieser Gedanke ist insofern wirklich faszinierend, weil er zwei Dinge zusammendenkt, die sonst gegeneinandergestellt werden: Auf der einen Seite die Liebe, auf der anderen Seite die Gerechtigkeit.

Wenn jemand Unrecht begangen hat, eröffnen Gerechtigkeit und Liebe zwei Wege: Entweder wird das Unrecht gesühnt, indem mit der Härte des Gesetzes durchgegriffen wird, oder dem Täter wird seine Sünde vergeben, und sein Handeln wird nicht bestraft. Das eine betont die Gerechtigkeit, das andere die Liebe. Und beides ist unbefriedigend. Wenn Unrecht keine Konsequenzen für die Täter hat, ist das für die Opfer von Gewalt schlicht nicht akzeptabel. Folgende Reaktionen wären verständlich: »Wie kann es sein, dass ein Täter einfach davonkommt? Das kann doch nicht wahr sein. Wie kann solch Unrecht keine Konsequenzen haben?« Umgekehrt bezeichnen Christen Gott als einen liebenden Gott, der kein Interesse an Strafe hat. Dazu passt dann wiederum die Härte der Gerechtigkeit nicht.

In dieses Dilemma zielt die Sühnopfervorstellung: Es ist richtig, dass Unrecht Konsequenzen hat, sogar blutige Konsequenzen haben kann. Unrecht kann nicht vergeben werden, ohne über Konsequenzen nachzudenken. Strafe muss sein. Es muss gesühnt werden. Aber Gott sagt: »Ich nehme die Sühne selbst auf mich. Anstatt der Strafende zu sein, nehme ich die Konsequenzen auf mich und erleide selbst die Strafe.« Gott tut das aus Liebe, weil er nicht den Tod, sondern das Leben möchte. Und plötzlich hat man in diesem Gedanken beides zusammengedacht – die Liebe *und* die Gerechtigkeit. Ich kenne keine andere Vorstellung, der das gelingt. Zusammengefasst: Gerechtigkeit herrscht, denn es gibt eine Sühne. Aber derjenige, der Gerechtigkeit exekutieren müsste, Gott selbst nämlich, nimmt die Strafe auf sich. Dadurch ist der Gerechtigkeit Rechnung getragen, das Handeln verdankt sich aber einer ganz überschäumenden Liebe.

Mir raucht der Kopf. Das muss ich erst mal sacken lassen. Trotzdem die nächste Frage: Wie übersetzt man das in praktisches Handeln?

Die Sühnopferlehre hat ganz konkrete Konsequenzen, zum Beispiel für das Strafrecht. Das Strafrecht sollte – der Sühnopferlehre folgend – immer den Sinn haben, Menschen wieder zurück auf die richtige Spur zu bringen. Strafe muss strikt an der Resozialisierung orientiert sein und nicht an der Rache. Der Mensch, der Unrecht getan hat, bleibt ein von Gott geliebter Mensch. Er bleibt Gottes gutes Geschöpf, sosehr er die Wege Gottes durch ein Verbrechen verlassen hat. Christus hat die letzte Sühne schon auf sich genommen.

Das heißt, es geht immer darum: Wie kann dieser Mensch neu leben? Wie kann er oder sie wieder in die Gemeinschaft eingegliedert werden? Wie kann dieser Mensch, der nie aufgegeben werden darf, wieder integriert werden? Deshalb ist es die Aufgabe des Strafrechts, Sozialarbeit und andere mögliche Formen zu finden, die Kriminelle nicht einfach abschreiben, sondern sie begleiten und Regeln lehren, die sie wieder in die Spur bringen. Der zentrale Gedanke des Strafrechts ist demnach nicht mehr die Sühne, nicht mehr die Rache.

Das heißt, wenn jemand einen Mord begangen hat, ist die Gefängnisstrafe, die er oder sie bekommt, nur eine Hilfestellung zur Resozialisierung und hat keinen Sühnecharakter?

Sie ist natürlich zuallererst da, um die Bevölkerung zu schützen. Der Mörder darf keine weiteren Verbrechen begehen und muss sich verändern. Zu diesem Nachdenken soll eine Gefängnisstrafe anregen. Es ist legitim, dass Menschen verlangen, vor Gefahren geschützt zu werden. Das ist das eine. Und das Zweite ist die Resozialisierung; dass er gleichsam zurechtgebracht wird. Ich würde in der

Tat sagen, dass jemand, der vom christlichen Glauben her denkt, nie die Sühne als primären Sinn der Strafe sehen darf. Das ist natürlich für Menschen, die dem Mörder eines Familienangehörigen gegenübersitzen, unendlich schwer. Man kann verstehen, wenn sie Rachegefühle haben.

Menschen, die den christlichen Grundgedanken ganz vergessen, fordern manchmal sogar die Todesstrafe. Aber ich sage in aller Deutlichkeit: Das hat nichts zu tun mit dem christlichen Glauben. In den USA sind es paradoxerweise gerade viele Christen, die die Todesstrafe fordern. Aber aus meiner Sicht ist das völlig unvereinbar mit dem christlichen Glauben. Der sagt nämlich: Auch der allerschlimmste Übeltäter bleibt Geschöpf Gottes. Auch der schlimmste Übeltäter ist ein in Christus von Gott versöhnter Mensch. Deswegen kann im Krieg der Soldat der einen Partei den Soldaten der anderen Partei letztlich nie als Feind sehen. Sie können beide immer nur versuchen, Gewalt zu verhindern oder einzudämmen. Sie dürfen nie einen anderen Menschen töten, nur weil er der Feind ist. Das wäre absolut unvereinbar mit dem christlichen Glauben.

Im 2. Korinther 5,19 heißt es: »Denn Gott war in Christus und versöhnte die Welt mit sich selber und rechnete ihnen ihre Sünden nicht zu und hat unter uns aufgerichtet das Wort von der Versöhnung.« Im Griechischen steht für Welt das Wort *ton kosmon*, gemeint ist damit die *ganze* Welt. Nicht nur die Christen oder irgendwelche andere spezifische Gruppen – *alle* Menschen sind eingeschlossen. Wer das wirklich ernst nimmt, der kann keinen Mitmenschen mehr aufgeben.

Wir haben über das Christusbild der Bibel und seine theologische Bedeutung gesprochen. Unter Normal-Menschen ist dieses Christusbild meist weniger differenziert. Es ist oft ein sehr stereotypes Bild. Auf Aufklebern, T-Shirts oder anderen Dingen ist fast immer ein weißer Mann mit Bart abgebildet. Filme wie »Passion Christi« arbeiten mit demselben Bild, während man eigentlich davon ausgehen muss, dass er eher palästinensisch mit hellbrauner Haut und nicht wie Che Guevara ausgesehen hat.

Du weist auf eine wichtige Frage hin, denn wir neigen in der Tat dazu, uns unser Jesusbild so zurechtzuzimmern, dass es unseren kulturellen Erfahrungen entspricht. Das hat dann die Konsequenz, dass Jesus für uns ein weißer Jesus ist. Darauf hingewiesen zu werden, dass es sich bei Jesus aus unserer Sicht um einen »Ausländer« handelt, ist bei manchen gesellschaftlichen Debatten höchst notwendig und angebracht.

Auch dass Jesus ein Asylbewerber war, ist den meisten Menschen nicht bewusst. Im Matthäusevangelium wird aber erzählt, wie Josef und Maria mit ihrem Kind fliehen müssen vor den Nachstellungen des Königs Herodes, der Angst vor diesem Königskonkurrenten hat und alle neugeborenen Kinder in Israel deswegen töten lässt. Josef und Maria entkommen nach Ägypten. Sie werden an der Grenze *nicht* abgewiesen, sondern als Asylanten aufgenommen. Sich in Erinnerung zu rufen, dass Jesus Christus selbst ein Asylantenkind war, ist für die Diskussion um Migration und Asyl, die wir hier in Deutschland führen, sehr hilfreich.

Es ist gut, wenn wir uns in unseren Jesusbildern von den Erfahrungen anderer Menschen in Frage stellen lassen müssen. In Afrika wird Jesus oft als schwarzer Mensch dargestellt. Auch in der westlichen Welt gibt es zuweilen andere Vorstellungen als das uns geläufige Jesusbild. In Berkeley in den USA haben Frauen, die deutlich machen wollten, dass in Jesus auch das Leiden von Frauen Gestalt findet, eine Statue von »Christa« ausgestellt. Gemeint war damit ein Christus in weiblicher Gestalt. Das ist natürlich nicht im Einklang mit der geschichtlichen Existenz Jesu als Mann. Aber es hat insofern seinen guten Sinn, weil deutlich wird, dass Jesus am Kreuz *all* die Leidenden der Welt und damit natürlich auch alle Frauen an seiner Seite hat.

All die Leidenden, die heute im übertragenen Sinn ans Kreuz geschlagen werden, dürfen sich auf diesen Jesus völlig unabhängig von allen physischen Merkmalen wie Geschlecht, Hautfarbe oder Körperbau berufen. Das ist ein Bild, das in unserer reichen westlichen Welt manchmal sehr provozieren kann, weil wir in unserer bürgerlichen Welt oft ein Jesusbild pflegen, das die revolutionäre Bedeutung des Gottes an der Seite der Schwachen nicht vor Augen hat.

4. Bibel

JONAS BEDFORD-STROHM

Die Bibel ist das meistverkaufte Buch der Menschheitsgeschichte, obwohl man bei vorbildlichem Marketing ja nicht zuerst ans Christentum denkt. Wie kommt's?

HEINRICH BEDFORD-STROHM

Der Grund ist, glaube ich, ganz einfach. Die Bibel ist ein faszinierendes Buch mit vielen Geschichten, die Menschen erreichen, egal, in welcher Zeit und an welchem Ort sie leben. Das ist das Besondere. Die Bibel ist nicht einfach das Werk einer bestimmten Literaturepoche, die den Zeitgeist und das Lebensgefühl einer bestimmten Kultur und Zeit anspricht, sondern viele Bücher in einem Buch, die über ihre Entstehungszeit hinaus viele Menschen erreichen. Die Bibel ist das Ur-Zeugnis, die Ur-Kunde des christlichen Glaubens. Wir wüssten heute vielleicht nichts von Jesus und seinem Leben und Sterben und Auferstehen, wenn es die Bibel nicht gäbe und die Menschen die alten Erzählungen nicht schriftlich überliefert hätten. Die Bibel wird im Gottesdienst seit der Zeit der frühen Christenheit benutzt und ist für die Gemeinschaft der Kirche von Anfang an grundlegend gewesen, weil sie eben von dem erzählt, was die Grundlage des christlichen Glaubens ist. Und deswegen ist es auch kein Wunder, dass dieses Buch so vielfach verkauft worden ist. Es erreicht schlicht und einfach die Menschen.

Die Bibel wird nicht nur von Menschen gekauft, sie wurde auch von Menschen geschrieben. Ist das nicht ein Widerspruch, dass die Texte der Bibel von Menschen geschrieben wurden, die Bibel insgesamt aber als Wort Gottes verstanden wird?

Natürlich ist die Bibel von Menschen geschrieben, und deswegen vertritt die Kirche, zumindest die in Deutschland, heute nicht mehr die Lehre von früher, dass jedes einzelne Wort der Bibel vom Heiligen Geist eingehaucht ist. Auch Christen gehen heute historisch-kritisch mit der Bibel um. Das bedeutet, dass sie die Entstehungsbedingungen der Texte genau anschauen und dadurch versuchen herauszufinden, was sie ursprünglich sagen wollen.

Was ist dann der Unterschied zu einem gesammelten Erzählungsband verschiedener Historiker? Was macht die Bibel zum Wort Gottes?

Die Bibel ist für mich Wort Gottes, weil sie von Jesus Christus erzählt, nicht, weil jeder Satz von Gott diktiert wurde. Insofern berichtet die Bibel von der Grundlage unseres Glaubens, der Verkörperung Gottes auf Erden durch Jesus Christus. Beim Bibellesen und -verstehen geht es mir darum, dieses Zentrum der biblischen Texte immer wieder neu zu beleuchten. Deswegen hat Martin Luther zum Beispiel gesagt, das entscheidende Kriterium für die Interpretation der Bibel sei, »was Christum treibet«. Wenn man das Kriterium anwendet, sind bestimmte biblische Texte weniger wichtig als andere.

Ist das nicht sehr gefährlich? So kann sich ja jeder seine Auswahl-Bibel zurechtschustern ...

Es ist eine Aufgabe für jeden, der die Bibel interpretiert, damit verantwortlich umzugehen. Man muss immer wieder klären, was es bedeuten soll, dass Christus das Zentrum der Bibel ist. Diese Fragen tauchen bei vielen inhaltlichen Problemen sehr deutlich auf. Und darüber kann und muss man dann streiten.

Kannst du ein Beispiel nennen?

Ein sehr kontrovers diskutiertes Beispiel ist der Streit um den Umgang mit Homosexualität. In unserer eigenen Kirche, der evangelischen Landeskirche in Bayern, ist an diesem Thema eine heftige Diskussion darüber entbrannt, ob die wenigen Stellen der Bibel, in denen Homosexualität abgelehnt wird, die Grundlage dafür sein dürfen, dass wir Homosexualität aus biblischer Sicht als Sünde verstehen. Viele in unserer Kirche sagen heute: Die einzelnen Bibelstellen können diese Aussage nicht begründen, sondern sie müssen in den Kontext einer viel grundsätzlicheren Orientierung wie zum Beispiel des Liebesgebotes Jesu gesetzt werden. Eine weitere biblische Orientierung zeigt sich in der Art, wie Jesus allen Menschen begegnet ist, einschließend nämlich und nicht ausschließend. Diese Argumente legitimieren sich genauso aus der Bibel wie die einzelnen Stellen, die sich gegen Homosexualität wenden. Das ist also ein gutes Beispiel für einen solchen Streit um das richtige Verständnis der biblischen Botschaft.

Wie soll man dann aber die homophoben Passagen der Bibel interpretieren? Man kann sie ja nicht einfach ignorieren?

Nein. Aber man muss fragen: Was bedeuteten sie in ihrem damaligen Kontext? Beim Thema Homosexualität stellt man dann schnell fest, dass es die verbindlichen Formen des homosexuellen Zusammenlebens, die wir heute kennen, damals gar nicht gegeben hat. Das legt nahe, dass mit Homosexualität damals vor allem Promiskuität oder sogar sexueller Missbrauch von Jungen gemeint war. Damit kann man nicht Beziehungen zwischen zwei Männern oder zwei Frauen, die dem verbindlichen Zusammenleben in der Ehe ähnlich sind, biblisch begründet ablehnen. Insofern muss man im Konkreten, bei den einzelnen ethischen Fragen, dann um die Auslegung der Bibel streiten und genau nachdenken: Was sind die Grundorientierungen, die die Bibel uns auf den Weg gibt, und wie sind sie heute für uns relevant?

Für mich war gerade dieses Thema fast eine Zerreißprobe für mein Verhältnis zum Christentum. Ich erinnere mich sehr gut daran, wie ich mit einem Kommilitonen über das Christentum diskutiert habe. Ich erzählte ihm, dass ich beim Einarbeiten in die Grundlagen des Christentums bislang viel Zustimmungswürdiges gefunden hätte. Und dann fragte er mich: »Und was machst du, wenn du etwas findest, das überhaupt nicht mit deiner Lebenserfahrung, deiner Weltanschauung und allem, was dir wichtig ist, übereinstimmt? Schmeißt du die Bibel dann weg und verdammst das Christentum? Oder machst du Abstriche bei deinen eigenen Vorstellungen und nimmst das in Kauf?«

Und plötzlich stand ich da wie bestellt und nicht abgeholt. Ich wusste darauf erst einmal keine Antwort. Denn auch wenn ich derzeit noch nicht überzeugt davon bin, dass ich Christ sein will: Eigentlich will ich, dass das Christentum für mich funktioniert. Und dann stieß ich auf diese homophoben Bibelstellen und stand vor einem ziemlichen Problem. Ich war schockiert von diesen Stellen, die so krass im Widerspruch zur freiheitlich-demokratischen Grundordnung, meinem Verständnis von Menschenrechten, dem Grundgesetz stehen. Was mache ich da?

Für eine Weile war ich versucht, einfach aufzugeben, das Christentum Christentum sein zu lassen und meine geistige Heimat woanders zu suchen. Und dann ist mir aber klargeworden, dass all meine Ideen von Menschenrechten, Menschenwürde, dem Grundgesetz und anderem in einer christlich-abendländischen Kultur wurzeln und in einem christlichen Elternhaus entstanden sind. Das heißt, meine Kritik an diesen Bibelstellen war gar keine anti-christliche Kritik, sondern eine aus der christlichen Kultur gewachsene Kritik.

Und plötzlich war ich nicht mehr in der Fundamentalopposition, sondern habe mich intensiver mit den Stellen auseinandergesetzt und versucht, diese Texte zu verstehen. Ich hatte plötzlich die Hoffnung, dass meine Wertvorstellungen doch kompatibel sind mit der Bibel, denn die Bibel hat diese Vorstellungen ja massiv beeinflusst, selbst wenn mir das lange Zeit völlig unbewusst war.

Was die Diskussion rund um die Homosexualität zeigt: Es gibt bei ein und demselben Thema zwei völlig unterschiedliche Lager, aus denen heraus die Kirche für ihren Umgang mit der Bibel kritisiert wird: Dem einen Lager werden die Stellen nicht konservativ genug ausgelegt werden, und dem anderen werden sie nicht progressiv genug ausgelegt.

Wie geht man mit dem Dilemma um, dass man von beiden Seiten mit jeweils an der Bibel orientierter Kritik beschossen wird?

Ich glaube, die Kunst liegt darin, zu unterscheiden: An welcher Stelle laufen Christen dem Zeitgeist nach und gehen gegen die biblische Grundlage auf moderne Erscheinungen ein? Und an welcher Stelle ist es so, dass sie dazulernen und bestimmte traditionelle Auffassungen von der Bibel überwinden müssen?

So bin ich zum Beispiel überzeugt davon, dass die lutherische Kirche beim Umgang mit Frauen in der Kirche und insbesondere mit der Frauenordination, also der Einstellung von Frauen als Pfarrerinnen, glücklicherweise dazugelernt hat. Wir begreifen heute, dass mit der Gottebenbildlichkeit in der Bibel die Gottebenbildlichkeit *aller* Menschen und die Würde *aller* Menschen gemeint ist.

In den meisten evangelischen Kirchen verstehen wir das heute als Hinweis darauf, dass Frauen gleichberechtigt sind und sich den Männern nicht unterordnen müssen. Die Frauenordination ist nicht dem Zeitgeist geschuldet, sondern im Gegenteil: Sie überwindet einen patriarchalen Zeitgeist, der der Bibel entgegenläuft.

Sollten wir also besser doch auf das hören, was die jeweilige Zeit prägt?

Nein, nicht grundsätzlich! Dem Zeitgeist nur hinterherzulaufen, das ist sicher nicht der richtige Weg! Die Herrschaft des Geldes und die fast götzenhafte Verehrung des *Shareholder Value,* die sich in den 90er Jahren entwickelt haben, ist ein Beispiel dafür. Gerade bei diesem Thema ist die biblische »Option für die Armen«, also die in vielen biblischen Texten erkennbare Aufforderung, sich auf die Seite der Armen zu stellen, ein kritisches Korrektiv.

Insofern muss man immer wieder genau hinhören, was biblische Grundüberzeugungen und was höchst zeitverhaftete moralische Sätze sind. Es gibt nämlich bei allen Diskussionen um ethische Einzelfragen in der Tat biblische Grundkonstanten, die über die Zeiten und Kontexte hinweg gültig sind. Dazu zähle ich zum Beispiel die erwähnte Option für die Armen. Die spielt in all den verschiedenen Textschichten der Bibel eine wichtige Rolle und war damals genauso relevant wie heute.

Das Gleiche gilt für die Überwindung von Gewalt. Obwohl es in der Bibel Texte gibt, in denen Gewalt eine Rolle spielt, kann man genauso sagen, dass Jesus als die zentrale Gestalt des Christentums gerade bei diesem Thema wichtige Akzente gesetzt hat, zum Beispiel mit der Betonung der Feindesliebe.

Aber wie geht man mit den die Feindesliebe in Frage stellenden Aussagen in der Bibel um?

Ich versuche es mit einem Bild: Wenn wir einen Menschen anschauen, dann sagen wir: Der hat einen bestimmten Charakter. Wir sagen dann etwas wie: Er oder sie ist ein gutmütiger Mensch. Es kann aber sein, dass wir genau diesen gutmütigen Menschen einmal ganz zornig erleben, zum Beispiel, weil er sich über Ungerechtigkeit aufregt. Dann ist dieser Mensch in dieser Situation zwar zornig, trotzdem bleibt er ein gutmütiger Mensch. So ist es in der Bibel eben auch. Es gibt auch in der Bibel gewisse Grundcharakteristika, die auch dann nicht falsch werden, wenn es einzelne Stellen gibt, deren Ton ein anderer ist.

Idealisierst du die Bibel nicht? Beim Studieren in Südafrika habe ich jeden Tag die Spätfolgen der Doktrin der Holländisch-Reformierten Kirche dort erlebt. Apartheid, also die Unterdrückung von allen Menschen mit dunkler Hautfarbe, wurde ja von der reformierten Kirche dort maßgeblich gestützt. Politiker wie Hendrik Verwoerd und Pieter Willem Botha haben dort gerade mithilfe der Autorität der Kirche und einer perversen Missinterpretation der Bibel eine menschenverachtende Rassenideologie entwickelt und umgesetzt.

Apartheid wurde als Krönung und Bestätigung der Auserwähltheit der Afrikaans sprechenden weißen Bevölkerung verstanden. Man sah sich als Nachfolger des biblischen, auserwählten Volkes und stilisierte das Erforschen und Erobern der Kapregion und später der Region um Johannesburg zu einer Art Auszug aus Ägypten.

Als Reaktion auf die Übermacht der »weißen« Kirche entwickelten Befreiungstheologen wie Allan Boesak dann Theologien, die es einem Schwarzen ermöglichen sollten, die Bibel zu lesen und als Kraftquelle in der ausweglosen Situation zu verstehen. Das war mit dem Verständnis der »weißen« Kirche für alle Schwarzen bis dahin völlig unmöglich, ohne die eigene Lebenswirklichkeit zu leugnen. Es hat also eine grundlegend neue Lesart der Bibel gebraucht, weil das Establishment unter der Apartheid eine völlig verquere grundlegend unchristliche Idee von der Bibel in den Köpfen der Menschen etablierte. Wohlgemerkt: mit biblischen Argumenten.

Dasselbe hat Denise Ackermann für die südafrikanischen Frauen formuliert. Auch als Frau konnte man – nicht nur in Südafrika – die Kirche und die sichtbaren Formen des Glaubens nur schwer mit dem eigenen Selbstbild und einem gesunden Selbstbewusstsein vereinbaren. Es brauchte eine feministische Theologie, um die Bibel anders lesen zu können.

Und nicht nur das Alte Testament ist sehr männerdominiert. Man spricht von Gott als dem »Herrn«, man spricht von Jesus als dem »Sohn«, man spricht von Noah, von Mose, von Abraham, von Isaak. Das sind doch nicht nur einige Sätze wie bei der Homosexualität, das sind Grundtöne, die überall zwischen den Zeilen mitschwingen. Wie geht man heute damit um, dass die Bibel in einer patriarchalen Gesellschaft geschrieben wurde?

Die entscheidende Frage ist, ob sich die biblischen Texte auf ihren patriarchalischen Gehalt reduzieren lassen. Darauf ist meine ganz klare Antwort: Nein. Ganz im Gegenteil ist erkennbar, dass gerade im Neuen Testament in einem patriarchalen Umfeld Akzente in die Gegenrichtung gesetzt werden, und genau das hat die Feministische Theologie ja herausgearbeitet. In der Art, wie Jesu Umgang mit anderen Menschen beschrieben wird, kann man sehen, dass Frauen eine besondere Rolle gespielt haben, dass sie als handelnde Subjekte gewürdigt wurden. Jesus hat Frauen nicht zu Objekten gemacht.

Es ist zum Beispiel höchst bemerkenswert, dass es in der Darstellung der Passionsgeschichte eine Frau ist, die als Erste versteht, dass Jesu Weg ins Leiden führt. Bei Markus ist sie namenlos, bei Lukas wird sie als Sünderin vorgestellt, heute nennen sie manche Maria Magdalena.

Wir haben in den Evangelien drei Leidensankündigungen, in denen Jesus seinen Jüngern sagen will: Ich werde sterben, ich werde leiden! Und die Jünger, die Männer also, verstehen es nicht. Sie wollen das nicht hören, denn für sie ist Jesus die große Rettergestalt. Sie wollen nicht hören, dass Jesus leiden wird. Jesu Umgang mit der Frau steht im starken Kontrast zum Gespräch mit Petrus vorher. Nach der Darstellung des Matthäusevangeliums verkündet Jesus sein bevorstehendes Leiden, und Petrus widerspricht und sagt: Das kann nicht sein. Jesus antwortet: Weg mit dir, Satan, geh mir aus den Augen! Du willst mich zu Fall bringen; denn du hast nicht das im Sinn, was Gott will, sondern was die Menschen wollen (Matthäus 16,23). Anders als die verständnislosen Jünger – so wird dann später deutlich – versteht die Frau ihn, und sie salbt ihn, anstatt zu widersprechen. Sie salbt ihn zum Begräbnis wohlgemerkt (Matthäus 26,6–13), und in der Darstellung des Lukas weint sie um ihn. Es ist eine sehr zärtliche Szene, die da geschildert wird (Lukas 7,36–50). Die Frau hält es aus, dass Jesus sagt: Ich muss sterben. Das ist bei Matthäus in gewisser Weise eine Scharnierstelle im ganzen Evangelium, weil nach dieser Stelle dann der Weg auf die Passion hin zugeht.

Stimmt eigentlich. Gerade in der Passionsgeschichte habe ich festgestellt, dass die Frauen eine besondere Rolle spielen. Die Kreuzigung ist ein Moment absoluter Gottverlassenheit. Alle weltliche Macht hat sich gegen Gott gewandt. Jesus wird gekreuzigt von der Besatzungsmacht Rom und der Elite des Judentums. Er wird verurteilt nach jüdischem und römischem Recht. Die gesamte öffentliche Meinung steht gegen ihn. Seine Jünger verlassen und verleugnen ihn. Die Soldaten würfeln sogar um die Kleidung an seinem Körper. Der einzige Silberstreif, das einzige kleine Licht in dieser überwältigenden Dunkelheit und Gottverlassenheit sind die Frauen unterm Kreuz. Die Frauen unterm Kreuz sind die Einzigen, die die kleine

Flamme der Menschlichkeit, theologisch gesprochen der Hoffnung, Liebe und Barmherzigkeit, bewahren. Sie halten Jesus im Moment der totalen Demütigung und Verletzlichkeit, im Ausgeliefert-Sein, die Treue. Sie reinigen und salben seinen geschändeten Körper. Sie trauern und weinen um ihn. Und sie sind es auch, die als Erste und zunächst Einzige die Auferstehung Jesu bezeugen.

Genau! Nach der Auferstehung sind die Frauen auch die ersten Zeugen der Auferstehungsbotschaft. Von den Jüngern wird berichtet, sie »hielten das alles für Geschwätz und glaubten ihnen nicht« (Lukas 24,11). Die Männer machen die Botschaft der Auferstehung zunächst als Weibergeschwätz lächerlich. Sie merken nicht, dass gerade die Frauen die ersten Zeugen der Auferstehung sind. Wir hätten das Christentum heute nicht, wenn die Frauen diese Botschaft nicht weitergetragen hätten. Das ist also wieder eine Stelle, wo Frauen eine Schlüsselrolle haben.

Das alles sind Indizien dafür, dass in einer patriarchalen Umwelt die Autoren des Neuen Testaments einen neuen Akzent auf die wertschätzende Würdigung der Frauen setzen.

Damit ist jetzt zwar gezeigt, wie Jesus der bestehenden Kultur seiner Zeit widersprochen hat. Diese bestehende Kultur war aber doch geprägt von den Schriften, die wir das Alte Testament nennen.

Auch im Alten Testament gibt es starke Frauengestalten. Ich möchte das nicht reduzieren auf Neues Testament gegen Altes Testament.

Egal wie stark und beliebt und kraftvoll die Bibel auch sein mag, sie ist angreifbar. Sie wurde und wird missbraucht und als Waffe zum Beispiel gegen Frauen und Homosexuelle benutzt. Das macht mich einfach skeptisch.

Natürlich ist die Bibel im Laufe der gesamten Kirchengeschichte immer wieder missbraucht worden. Die entscheidende Frage ist, woran wir erkennen und unterscheiden können, ob sie *missbraucht* wurde oder ob sie in legitimer Weise *ge*braucht wurde, im Sinne einer Auswahl aus mehreren berechtigten Interpretationen.

Im Fall von Apartheid kann man in aller Klarheit sagen, die Bibel ist *missbraucht* worden. Die Herabwürdigung einer bestimmten Gruppe aufgrund der Hautfarbe widerspricht im Grundsatz dem Gedanken der Gottebenbildlichkeit. »Gott schuf den Menschen zu seinem Bilde; zum Bilde Gottes schuf er ihn und schuf sie als Mann und Frau« (1. Mose 1,27). Da steht nirgends: »Gott schuf den Schwarzen so und den Weißen so, und deswegen sind beide unterschiedlich viel wert.« Die Menschenwürde, wie wir die Gottebenbildlichkeit heute nennen, gilt eben für *alle* Menschen, und Christus ist für *alle* gestorben.

Die Bibel wird missbraucht, wenn menschliche, niedere Antriebe mit einem biblischen Mäntelchen umgeben werden. Das haben die Befürworter der Apartheid getan. Deswegen sollte Bibelauslegung immer auch Ideologiekritik sein. Wer die Bibel auslegt, muss zulassen, dass die eigene Position hinterfragt wird, und sich selbst daraufhin untersuchen, ob sie dem Kern der biblischen Überzeugung entspricht.

Gibt es ein Hauptkriterium, das die Bibel einem an die Hand gibt?

Ich denke, dass das Doppelgebot der Liebe, das nun wirklich ohne Zweifel einen absolut zentralen Stellenwert in der Bibel und insbesondere in der Verkündigung Jesu hat, ein solches Kriterium ist. Im Blick auf Südafrika: Das Doppelgebot redet nicht von unterschiedlichen Stufen in der Wertigkeit der Menschen: »Du sollst Gott den Herren lieben, von ganzem Herzen, von ganzer Seele und mit aller deiner Kraft, und deinen Nächsten wie dich selbst.«

Es gibt in den Kernaussagen der Bibel keine Grundlage, um solche rassistischen Wertungen vorzunehmen. Ganz im Gegenteil: Die Bibel spricht genau die Sprache, die rassistische Trennungen überwinden will.

Wir haben vorhin schon angeschnitten, dass es Unterschiede in der Atmosphäre der beiden Testamente gibt. Während im Neuen Testament die – wie du sagst – in Christus versöhnte Welt zum Ausdruck kommt, gibt es im Alten Testament ja auch durchaus blutrünstige Geschichten. Wie gehst du damit um?

Ich glaube, dass diese Gegenüberstellung schon falsch ist. Nach dem Motto: Das Alte Testament enthält einen rachsüchtigen Gott, der gewalttätig ist, und im Neuen Testament kommt der Gott der Liebe zum Ausdruck, der den alttestamentlichen Gott ersetzt. Man muss in aller Schärfe sagen, dass diese falsche Gegenüberstellung mitverantwortlich war für die anti-jüdischen Strömungen in der christlichen Theologiegeschichte, die am Ende auch der nationalsozialistischen Ideologie Vorschub geleistet haben. Das ist passiert, weil man den alttestamentlichen

Gott abräumen und die Bibel – Gipfel der Absurdität – »judenrein« machen wollte. Das müssen wir endgültig überwinden. Wir müssen wahrnehmen, welche Traditionen im Alten Testament genau die Grundlage für das Neue Testament sind. Für Jesus selbst war das Alte Testament die Bibel. Für ihn gab es kein Neues Testament. Die Hebräische Bibel war die Bibel Jesu.

Deswegen ist es kein Zufall, dass das Doppelgebot der Liebe, das für Jesus ganz zentral gilt, sich aus Zitaten aus dem Alten Testament zusammensetzt. Auch die Feindesliebe kommt dort schon vor. Erst recht muss man sagen, dass das Gottesbild des Neuen Testaments, das eng mit Barmherzigkeit und dem Eintreten für die Schwachen verbunden ist, im Alten Testament seine Wurzeln hat. Die prophetische Sozialkritik zum Beispiel, die dafür wirbt, dass Menschen Fremde schützen und für die Armen einstehen, ist im Kern des Alten Testaments verankert.

Die Geschichte von der Sintflut ist ein anderes gutes Beispiel. Gott sagt in dieser Geschichte: »Das Trachten des Menschen ist böse von Jugend an. Darum will ich die Erde vernichten« (1. Mose 6,5-7) Dann kommt die Sintflut. Gott vernichtet die Erde aber nicht. Gott lässt Noah die Arche bauen, die Tiere bevölkern die Arche, und nach der Sintflut beginnt neues Leben, das Wasser fließt ab. Nach der Flut sagt Gott noch mal genau den gleichen Satz: »Das Dichten und Trachten des menschlichen Herzens ist böse von Jugend auf.« Die Menschen tun sich Gewalt an. Aber dann heißt es: »Solange die Erde steht, soll nicht aufhören Saat und Ernte, Frost und Hitze, Sommer und Winter, Tag und Nacht«, und Gott sagt: »Ich will hinfort nicht mehr die Erde verfluchen um der Menschen willen« (1. Mose 8,21-22). Und dann setzt Gott den Regenbogen als Zeichen dieses ewigen Bundes in den Himmel. Damit wird ganz deutlich zum Ausdruck gebracht, dass es gerade um die Überwindung von Gewalt geht, auch zwischen Gott und Mensch.

Am Ende vielleicht, aber die Sintflut kommt vorher doch. Bis auf die Arche-Bewohner ertrinken alle.

Man muss diese Texte vor dem Hintergrund ihrer Zeit lesen. Von einer Sintflut wird auch in den mythologischen Überlieferungen anderer Religionen erzählt. Die spannende Frage ist: Wie verändern die biblischen Autoren diese Überlieferungen? Was ist der neue biblische Akzent? Und bei all diesen Geschichten sieht man, dass überall der entscheidende Akzent der Gott des Lebens, der Gott der Vergebung und der Gott der Gnade ist. Gott hält seinen Bund. Diese »Bundestheologie« ist ganz zentral durch alle Texte des Alten Testaments hindurch, die ja über die Jahrhunderte entstanden sind. Gott hält trotz der Tatsache, dass Menschen falsch handeln, an seinem Bund mit ihnen fest. Gott ist treu zu seinem Volk, auch da, wo das Volk es nicht ist.

Na schön, aber was ist mit den anderen Gewaltgeschichten? Bei der Landnahme im Buch Josua etwa befiehlt Gott, alle Menschen in den eroberten Städten einfach abzuschlachten. Oder was ist mit den Racheaufrufen in den Psalmen?

Der Verherrlichung von Gewalt in diesen Texten muss man ganz klar widersprechen. Nur weil diese Texte in der Bibel stehen, kann nie und nimmer irgendjemand die Rechtfertigung solch kriegerischer Gewalt ableiten. Man muss diese Geschichten in den Kontext der gesamten Bibel stellen und darf sie von daher auch kritisieren. Und jetzt sind wir wieder bei Luther: Maßgeblich ist, »was Christum treibet«. Das ist für uns Protestanten das Zentrum der Bibel insgesamt.

Dann kann man also doch eine Gegenüberstellung von Altem und Neuem Testament machen? Solche Kriegsgeschichten stehen schließlich im Neuen Testament nicht mehr. Ich denke auch an die Bergpredigt Jesu, in der er Zitate aus dem Alten Testament wie »Auge um Auge, Zahn um Zahn« nimmt und sie mit dem Gebot der Feindesliebe de facto außer Kraft setzt. Diese theologische Reflexion Jesu ist doch ein Indikator dafür, dass Jesus selbst heute das Neuen Testament wichtiger nehmen würde als das Alte Testament.

Die Verkündigung Jesu interpretiert die Texte des Alten Testaments, sie setzt sie nicht außer Kraft.

»Ich aber sage euch«, sagt er doch immer ...

Das »Ich aber sage euch ...« ist eine Floskel, die beim auslegenden Gespräch üblich war. Jesus hat seine Verkündigung nicht *gegen* das Alte Testament gestellt, sondern sie als Erfüllung der Verheißungen verstanden. Du hast das »Auge um Auge, Zahn um Zahn«-Zitat angesprochen. Diese Regel, das sogenannte Talionsrecht, hatte schon in alttestamentlicher Zeit den Zweck, Gewalt zu begrenzen. Wir hören sie heute so, dass sie Rache rechtfertigt. Sie war aber eine Mahnung, dass man dem anderen nicht mehr antun darf, als einem selbst angetan worden ist. Diese Formel heißt also: Auf keinen Fall mehr als Auge um

Auge, Zahn um Zahn. Außerdem steckt in dem Zitat das Prinzip der Verantwortung. Es ging damals vor allem darum, dass der Schaden, den jemand einem anderen verursacht, von diesem jemand abgegolten, also bezahlt werden musste. Jesus radikalisiert die Begrenzung von Gewalt und das Prinzip der Verantwortung in der Bergpredigt noch. Er fordert zum Gewaltverzicht auf und denkt die Richtung, die im Alten Testament vorgegeben ist, weiter.

Weißt du, was ich erstaunlich finde: An den Universitäten gibt es riesige wissenschaftliche Apparate, die sich mit der Erforschung der Bibel befassen, solche Diskussionen, wie wir sie gerade führen, gehören doch quasi zum »Kleinen Einmaleins« jedes Theologiestudenten. Und gleichzeitig gibt es in der breiten Bevölkerung, bei den Nicht-Theologen also, eine Menge von Menschen, die zu den einfachsten Bibelgeschichten keinen Zugang mehr finden. Die Unternehmenskommunikation der Kirchen wird immer besser. Die Bibelkommunikation ist aber etwas ins Stocken geraten. Woran liegt das? Warum wird dieses Wissen, das ja da ist, nicht an mehr Menschen weitergegeben? Reichen die Predigten am Sonntag noch?

Predigten haben noch nie ausgereicht, und sie reichen auch heute nicht aus. Es ist ganz wichtig, dass die biblischen Geschichten, die ja oft in die Tiefen des Menschseins sprechen und bei Kindern in der Regel auf Offenheit und Begeisterung stoßen, weitergegeben werden. Deswegen ist es gut, dass es evangelische und katholische Kindergärten gibt, in denen Erwachsene mit Freude diese Geschichten weitergeben.

Die Familien sind auch wichtige Orte dieser Traditionspflege. Wir haben euch die Kinderbibel vorgelesen. Du erinnerst dich vielleicht nicht mehr dran, aber du hast die Geschichten der Kinderbibel immer mit Begeisterung angehört. Häufig ist es so, dass die Geschichten beim Vorlesen auch für die Eltern wieder ein Erlebnis sind. Es ist mir selber auch so gegangen, dass diese Geschichten, während ich sie vorgelesen habe, auch etwas mit mir gemacht haben und ich sie sozusagen auch im Herzen weitergetragen habe.

Ich erinnere mich sehr gut an die Kinderbibel, ich habe sehr positive Erinnerungen daran. Als ich aber angefangen habe, die »Erwachsenenbibel« zu lesen, ging es mir etwas anders. Mit den Büchern Mose ist schon der Anfang ein ordentlicher Brocken. Das war richtig mühsam und allein vom Deutschen schwer zu verstehen. Die Bibel kann schon auch ein echt zäher Schinken sein.

Es ist sicher so, dass man sich durch manches in der Bibel wirklich durchbeißen muss, beim Römerbrief von Paulus zum Beispiel. Das ist auf den ersten Blick schon wirklich starker Tobak, und man fragt sich bei vielen Sachen: Was meint er nur? Warum ist er da so streng?

Andererseits geht es mir so, dass ich immer wieder Neues entdecke, oft gerade dann, wenn der Text auf den ersten Blick sehr sperrig wirkt. Wenn ich mich auf eine Predigt vorbereite, habe ich oft die fruchtbarsten Erfahrungen, wenn der Text sich meinem Verstehen zunächst widersetzt.

Wie gehst du mit so einem Text um, der erst mal merkwürdig ist und völlig aus der Zeit gefallen scheint?

Das Wichtigste ist, dass man den Text gründlich meditiert und darüber nachdenkt. Ich lese ihn wieder und wieder, nehme einzelne Sätze heraus, verknüpfe sie mit meinen Erfahrungen. Mit der Zeit wird mir dann klarer, was der Kern seiner Aussage ist.

Zum Beispiel so ein Text über Rechtfertigung. Da lese ich dann von der Freiheit und den »Werken des Gesetzes«. Dann überlege ich mir, was das für Gesetze sind, was mit den Werken gemeint ist. Hat das etwas mit mir zu tun? Und dann wird mir vielleicht klar, dass ich manchmal dazu neige, bestimmte Dinge aus Gesetzlichkeit zu tun. Ich verhalte mich auf eine bestimmte Weise, weil ich glaube: Um ein guter Mensch zu sein, muss ich eine bestimmte Sache tun oder lassen.

Diese Haltung hat nichts mehr mit innerer Freiheit zu tun, sondern damit, dass ich quasi mein Punktekonto in der Gebotserfüllung steigern möchte. Wirkliche Freiheit erlebe ich aber nur, wenn ich innerlich nachvollziehe, worin der Kern der Gebote liegt, und nachfühle, was ihr Sinn ist. Das gilt besonders bei den Geboten der Bibel. Den Kern dieser Gebote kann ich nur dann nachfühlen, wenn ich mich intensiv auf die biblischen Texte einlasse und ich mich mit den Gedanken des Textes auseinandergesetzt habe. Genau deswegen studieren Menschen Theologie, weil es nämlich manchmal sehr lange dauert, bis sich einem so ein Text erschließt. Das Theologiestudium soll sie in die Lage versetzen, anderen Menschen, die nicht Zeit oder Kraft für intensives Bibelstudium haben, diese Texte aufzuschließen.

Hast du die Bibel mal komplett am Stück gelesen?

Ja.

Hattest du da nicht auch manchmal den Wunsch, alles umzuschreiben? Welche Passage hättest du am liebsten gestrichen, oder zumindest umformuliert?

Ich habe jedenfalls auch Verdrussgefühle gehabt, als ich manche biblische Texte gelesen habe. Und sie sind mit Sicherheit nicht alle gleich spannend gewesen. Ich musste mich auch durch manche Texte durchquälen.

Neues Thema: In der evangelischen Kirche wird oft die Übersetzung Martin Luthers benutzt, dann gibt es die Einheitsübersetzung, die Züricher Bibel und und und. Im englischen Sprachraum hat King James im 17. Jahrhundert eine neue Übersetzung in Auftrag gegeben. Die King-James-Bibel ist heute weltweit eine der wichtigsten Versionen der Bibel. Eigentlich geht das doch nicht. Man kann doch nicht einfach ständig die Bibel umschreiben.

Bibelübersetzungen sind jedenfalls wirklich *nur* Übersetzungen. Das müssen wir uns immer wieder klarmachen. Schon die alten Textfassungen, die wir im Deutschen haben, sind nur Interpretationen biblischer Texte. Deswegen müssen Theologiestudenten in den ersten Semestern die Originalsprachen lernen: Hebräisch, Griechisch und Latein. Latein vor allem als Sprache für wichtige Bibelübersetzungen und die Kirchengeschichte. Hebräisch und Griechisch aber einzig und allein als Originalsprachen des Alten und Neuen Testaments.

Wenn man dann die King-James-Version oder die Lutherbibel vor sich hat und sie mit dem Originaltext vergleicht, merkt man immer wieder, wie die Übersetzer interpretiert haben. Wer sich über die biblischen Texte ein Urteil in der Tiefe bilden will, muss die Originalsprache beherrschen.

Und was macht die Mehrheit der Bevölkerung?

Wenn man die alten Sprachen nicht kann, lohnt es, verschiedene Bibelübersetzungen zu lesen, damit man ein Gefühl für das Bedeutungsspektrum bekommt. Im Zeitalter des Internets findet man über Google in Sekundenschnelle zig Bibelportale, die einem die verschiedenen Versionen, oft sogar in mehreren Sprachen, nebeneinanderstellen.

Ein praktisches Beispiel für den Mehrwert, wenn man mehrere Übersetzungen vergleicht: Christus, heißt es bei Paulus, ist das *telos* des Gesetzes. Jetzt kann man das griechische Wort *telos* mit dem deutschen Wort *Ende* oder mit dem Wort *Ziel* übersetzen. Je nachdem, wie man es übersetzt, hat es völlig unterschiedliche Bedeutungen.

Wenn man sagt, Christus ist das Ende des Gesetzes, dann kann man leicht zu solchen Annahmen kommen, wie wir sie vorhin im Bezug aufs Alte Testament diskutiert haben. Das würde bedeuten, dass Jesus das Gesetz nämlich abschafft und das Neue Testament an dessen Stelle rückt. Wenn man aber sagt, Christus ist das Ziel des Gesetzes, dann heißt das, dass in Christus das Alte Testament seine Erfüllung findet. Das sind zwei grundverschiedene Tendenzen, die in einer Übersetzung herauskommen können. Das kann man nur verstehen, wenn man die Originalsprache beherrscht oder es von jemandem, der sie beherrscht, erklärt bekommt. Verschiedene Übersetzungen zu lesen hilft einem dabei, Missverständnissen vorzubeugen. Man schützt sich mit dem Lesen verschiedener Versionen vor Engstirnigkeit.

Eine andere Gefahr, die ich beim Bibellesen sehe, ist, dass man mit einer Ideologie an die Texte herangeht und die Bibel nur durchblättert, um für die eigene Meinung Bestätigung zu finden. Wir hatten das vorhin schon beim Beispiel Apartheid. Wenn zum Beispiel auf manchen Webseiten mit Bibelzitaten gegen deine Dialogbereitschaft zum Islam gehetzt wird, dann wirkt das auf mich so, als hätten diese Leute nicht die Bibel zur Grundlage ihrer Meinung gemacht, sondern ihre Meinung zur Grundlage ihres Bibellesens. So kann aber ja jede noch so perverse Idee durch ein aus dem Zusammenhang gerissenes Zitat den Schein einer religiösen Rechtfertigung bekommen. Wie schützt du dich als Christ davor, mit deiner eigenen Ideologie an einen Text zu gehen, statt dich von einem Text inspirieren zu lassen?

Indem ich die Bibel ernst nehme. Das haben die nationalsozialistischen »Deutschen Christen« zum Beispiel nicht getan. Die nationalsozialistische Ideologie war darauf angewiesen, bestimmte Aspekte der Bibel einfach auszublenden. Die Deutschen Christen wollten eine heldische Jesusgestalt aus der Bibel herausschustern, die frei von Gebrochenheit oder Knechtsein ist.

Nun gehört aber die Passionsgeschichte zum absoluten Kern des Neuen Testaments, und jeder Mensch sieht auf den ersten Blick, dass es eine völlige Pervertierung der biblischen Botschaft ist, wenn man die Tatsache, dass Jesus ein Flüchtling und ein Folteropfer war und eben kein Held im klassischen Sinne, völlig ignoriert. Der Charakter Jesu widerspricht allem, was die Deutschen Christen versucht haben in der Kirche durchzusetzen, und deswegen konnten sie nicht anders, als bestimmte Teile der Bibel einfach auszublenden.

Überall, wo das der Fall ist, wird glasklar deutlich, dass das Ausschlaggebende für die Handlungen die Ideologie und nicht die Bibel ist. Deswegen ist ganz entscheidend, dass die Bibel immer ein kritischer Maßstab ist. Ich muss mich immer wieder neu kritisch durch die biblischen Geschichten hinterfragen lassen. Ich muss mich immer wieder neu fragen, was ist der Kern der Botschaft von Jesus Christus? Dietrich Bonhoeffer hat das auf den Satz gebracht, dass es darum geht zu fragen: Wer ist Christus für uns heute?

Außerdem muss immer klar sein, dass die Bibel kein Gesinnungs-Steinbruch ist, aus dem man sich rausholt, was einem gerade passt. Jesus ist kein Triumphator im weltlichen Sinne, so gerne die Deutschen Christen das gehabt hätten. Das kann man aus der Bibel einfach nicht herauslesen. Da sperrt sich alles in allen Evangelien. In allen Evangelien wird berichtet von der Passion Jesu, und das kann man nicht einfach wegwischen. Insofern gibt es klare Grenzen der Interpretierbarkeit der biblischen Überlieferung.

Was war und was ist die Bibel für dich ganz persönlich? Wie hast du Zugang zur Bibel gefunden?

Für mich hat sich die Welt der Bibel noch mal neu erschlossen, als ich mein Jurastudium angefangen hatte. Ich war sehr unzufrieden damit, dass ich immer nur mit Rechtstexten zu tun hatte. Es war die Zeit der Friedensbewegung, und mich beschäftigte die Frage nach der Überwindung der Gewalt. In dieser bewegten Zeit las ich viel in der Bibel und fand die Grundorientierungen, nach denen ich gesucht hatte, etwa in der Bergpredigt in Matthäus 5–7 und den dortigen Aussagen zur Feindesliebe.

Natürlich hatte ich die Bibel schon vorher im Kindergottesdienst oder zu Hause kennen gelernt. Aber als junger Erwachsener las ich intensiver. Und mich faszinierten diese alten Texte. Ich fand viele der Geschichten spannend, sie sprachen mich intuitiv an. Die Gleichnisse Jesu berührten mich in der Seele. Ich entdeckte dabei so viel, dass für mich immer klarer wurde: Ich möchte mich hauptberuflich mit der Bibel und den Fragen, die sie stellt, beschäftigen. Deswegen schrieb ich mich dann für Theologie ein.

Letzte Frage: Was ist deine Lieblingsgeschichte in der Bibel?

Meine Lieblingsgeschichte ist die Nathan-Parabel. Dein Bruder heißt nicht zuletzt deswegen Nathan. Die Parabel handelt von einem reichen und einem armen Mann. Der reiche Mann hat viele Schafe und der arme Mann hat nur ein einziges Schaf, und – so heißt es – »er hielt es wie eine Tochter«. Aber dann kommt ein Gast zum reichen Mann. Der reiche Mann will keines seiner Schafe schlachten, er geht darum zu dem armen Mann, nimmt dessen Schaf, schlachtet es und bereitet es seinem Gast zu.

Das ist die Geschichte, die der Prophet Nathan dem König David erzählt, nachdem der gerade mit ziemlich fiesen Methoden an Bathseba, der Frau eines Untergebenen, seine sexuellen Bedürfnisse befriedigt hat. Der Prophet Nathan erzählt also seinem König diese Parabel. David wird sehr zornig. Er entgegnet: »Dieser Mann, der das gemacht hat, ist ein Kind des Todes!« Und Nathan erwidert: »*Du* bist der Mann.«

Und dann passiert etwas Erstaunliches: David, der große, mächtige Herrscher über ganz Israel, versteht. Und er zieht Konsequenzen: Er geht in Sack und Asche, heißt es, und ändert sein Leben. Das finde ich faszinierend, weil sie die kritische Infragestellung, die wir immer wieder von unserm Glauben her erfahren können, die unser Leben immer wieder neu ausrichtet, zum Ausdruck bringt.

In der Geschichte steckt außerdem die Infragestellung der Macht und die Unerschrockenheit gegenüber den Mächtigen dieser Welt. Es ist fast unglaublich, dass Nathan es wagt, dem König diese Geschichte zu erzählen, und dass der David sie versteht. Für mich ist das auch ein Hoffnungstext, der daran erinnert, dass in der Politik, wo mächtige Menschen Entscheidungen treffen, auf solche Stimmen gehört wird. Wenigstens manchmal.

Und zum Schluss: Es ist eine ungeheuer entlarvende Geschichte. Das Beunruhigendste und Faszinierendste zugleich ist die ehrliche moralische Empörung des Königs. Er merkt zunächst ja gar nicht, dass von ihm selbst die Rede ist. Das lehrt mich Demut und führt mich dazu, bei aller moralischer Empörung über andere zuallererst immer auf mich selbst zu schauen.

Man sieht auch hier wieder mal: Die Bibel spricht mitten ins Leben!

5. Kirche

JONAS BEDFORD-STROHM

Viele junge Menschen kritisieren die Kirche vehement. Wenn es um Religion, Glaube, Christentum geht, ist die Kirche oft Feindbild Nr. 1. Wie erklärst du dir das?

HEINRICH BEDFORD-STROHM

Das liegt vermutlich daran, dass sie mit der Kirche nicht nur gute Erfahrungen machen. Insbesondere wenn man die Geschichte der Kirche ansieht, gibt es viele dunkle Flecken. Wenn dann nichts Positives dazukommt, ist es leicht, zu einem Bild von Kirche zu kommen, das sich auf dunkle Flecken beschränkt. Ich weiß natürlich, dass Kirche sehr vielfältig ist. Aber ich kenne mich natürlich auch viel besser aus. Ich blende die schlimmen Fehler nicht aus und weiß trotzdem noch viel, viel Positives. Es muss also darum gehen, die Geschichte und Gegenwart der Kirche in ihrer Ganzheit wahrzunehmen: Das, was schiefgelaufen ist, *und* das, was an guten Dingen von den Kirchen in der Geschichte erreicht wurde und in der Gegenwart täglich bewirkt wird.

Es wird überhaupt oft sehr pauschal von »der Kirche« gesprochen. Eine der beiden großen Konfessionen in Deutschland, die evangelische Kirche, deine Kirche, ist ja aus einer Reformbewegung entstanden, die selbst fundamentale Kirchenkritik formuliert und Erneuerung gesucht hat. Stört es dich als Protestant, wenn pauschal von »der Kirche« gesprochen wird und sich alle negativen Gefühle bis hin zum Hass zusammenfinden in dem einen Begriff Kirche?

Es ist natürlich schon manchmal etwas merkwürdig, wenn Menschen aus der evangelischen Kirche austreten mit der Begründung, der Papst habe dieses oder jenes gesagt. Der Papst ist das Oberhaupt der römisch-katholischen Kirche, und die römisch-katholische Kirche hat ein anderes Kirchenverständnis, als es die evangelische Kirche hat. Diese Unterscheidung muss man schon machen, wenn man sich ernsthaft mit Kirche und Kirchenkritik beschäftigen will. Sosehr wir immer wieder ökumenisch gemeinsam Kirche sind, so sehr muss man auch die Unterschiede klarmachen.

Das evangelische Kirchenverständnis ist geprägt vom »Priestertum aller Gläubigen«, wie es die Reformation ausgedrückt hat. Das heißt, dass *alle* Christinnen und Christen Kirche sind und die Funktionen, die Priester oder Pfarrer haben, der Gemeinde nicht gegenüberstehen, sondern auch in der Gemeinde und damit in der Gemeinschaft der Gläubigen verwurzelt sind. Deswegen bin ich als Landesbischof auch von der Landessynode gewählt worden, also von den Vertretern aller Gemeinden in Bayern. Ich bin nicht von einem anderen Bischof oder einem Papst eingesetzt worden. Das ist schon ein deutlicher Unterschied zu den römischen Katholiken

All das, was wir in der evangelischen Kirche beschließen, wird entschieden von den Vertretern der Gläubigen selbst. Die Kirchengesetze werden von der Landessynode gemacht. Zu dieser Landessynode gehören auch nicht nur Geistliche. Die überwiegende Zahl der Synodalen sind Menschen mit ganz anderen Berufen, die direkt von den Gemeinden entsandt werden.

So ein Delegiertensystem mit Kirchenparlament ist doch sehr aufreibend. Man muss wahnsinnig viel investieren, um Mehrheiten zu organisieren und Entscheidungen vorzubereiten. Wünschst du dir da nicht manchmal, dass euer Prinzip mehr wie in der katholischen Kirche wäre, wo zwar natürlich viele Gespräche und Diskussionen geführt werden, letztendlich aber mit einem Erlass die Entscheidung getroffen wird?

Das habe ich mir noch nie gewünscht. Das hat klare Gründe. In meinem eigenen bischöflichen Handeln ist mir ganz wichtig, dass das, was wir als Kirchenleitung tun, in den Herzen der Menschen verwurzelt ist. Wir wollen nicht nach der Methode des Durchregierens von oben herab verfügen. Wir wollen durch Diskussionsprozesse, die natürlich manchmal sehr anstrengend und langwierig sind, erreichen, dass die Entscheidungen der Kirche auch wirklich von *allen* Gliedern mitgetragen werden können. Das ist, davon bin ich überzeugt, die viel produktivere Art und Weise, gemeinsam Kirche zu sein, weil kein Gegensatz zwischen den Gemeindemitgliedern und »denen da oben« entsteht. Ich fühle mich viel wohler, wenn ich als Landesbischof in dieser Gemeinschaft von Menschen verwurzelt bin. Ein Grund, warum ich überhaupt kandidiert habe, war meine Begeisterung für die Landessynode und die vielen engagierten Menschen, die ihre Erfahrungen in die Entscheidungen der Kirchenleitung einbringen. Das ist ein Kirchenmodell, von dem ich fest überzeugt bin.

In der katholischen Kirche kann durch Hierarchie sicher viel Druck entstehen. In der evangelischen Kirche gibt's das durch einen gewissen Gruppendruck aber auch. Als im Nazireich die »Deutschen Christen« mit Mehrheit ihre Richtung beschlossen, konnten die Bischöfe sich eben nicht widersetzen. Ist Kirche auf diese Weise nicht dem Prinzip der Masse und der Verführbarkeit der Masse ausgeliefert?

Du sprichst einen ganz wichtigen Punkt an. Der Unterschied zwischen dem reinen Mehrheitsprinzip in der Politik und dem Mehrheitsprinzip der evangelischen Kirche ist, dass es um eine ganz bestimmte Wahrheit geht, die nicht in unserer Verfügung steht. Selbst wenn mit Zweidrittelmehrheit ein Beschluss von einer Synode gefasst wird, der Beschluss aber offensichtlich gegen das Evangelium steht, wie es bei den »Deutschen Christen« der Fall war, dann kann man nicht einfach sagen, das Mehrheitsprinzip sei das oberste Gesetz. Vielmehr muss man dem Evangelium und Christus folgen, so wie es der Pfarrernotbund und die Bekennende Kirche zur Zeit des »Dritten Reichs« getan haben.

Das hierarchische Prinzip schützt übrigens auch nicht gegen solche Pervertierung des Glaubens. Im »Dritten Reich« waren es ja nicht nur die Menschen auf den Synoden, die auf die nationalsozialistische Ideologie hereingefallen sind, sondern es haben natürlich auch Bischöfe und Kardinäle diese Ideologie vertreten.

Wenn man zurückblickt auf die Anfänge der Kirche, ist ja klar, dass von einer mächtigen Institution damals keine Rede war. Die frühen Christen waren absolute Außenseiter, die nie und nimmer davon ausgehen konnten, dass sie von einer verfolgten Randgruppe zur dominierenden Religionsmacht werden würden. Macht kann also nicht der treibende Gedanke der Kirchenentstehung gewesen sein. Was war der Grundgedanke beziehungsweise der Gründungsgedanke der Kirche?

Die Idee der Kirche hat ihren Ursprung in Jesus Christus selbst. Letztlich ist sie nämlich dadurch entstanden, dass Menschen vor etwa zweitausend Jahren ganz erstaunliche Erfahrungen gemacht haben. Sie haben diesen Menschen Jesus kennen gelernt und seine unglaublich kraftvolle Ausstrahlung gespürt. Sie sind Zeugen geworden, wie Jesus von den Mächtigen der Zeit verfolgt und gefoltert und ans Kreuz genagelt worden ist, und haben dann diese für uns sehr schwer fassbare Erfahrung gemacht, dass Jesus auferstanden ist. Sie waren so gepackt von dieser Erfahrung, dass sie sie weitererzählt haben. Wenn diese Botschaft eines von vielen absurden Märchen gewesen wäre, dann hätte sie nicht diese Kraft gehabt und sich so ausgebreitet.

Insofern muss man sagen: Diese Botschaft von Jesu Tod und Auferstehung ist die Wurzel von dem, was später die Kirche geworden ist. In diesen aufregenden Zeiten nach der Auferstehung und auch später durch die Jahrhunderte hindurch haben die Christen die beglückende Erfahrung der Gemeinschaft gemacht. Diese Erfahrung des Heiligen Geistes ist die Grundlage für das Pfingstfest. Wenn heute also Schülerinnen und Schüler Pfingstferien haben, hängt das mit einer Geschichte der Bibel zusammen, in der berichtet wird, wie die Jünger und andere Menschen gemeinsam die ungeheure Erfahrung machten, dass sie sich trotz unterschiedlicher Sprachen plötzlich gegenseitig verstanden. Dieses Erlebnis war so gewaltig, dass sie sich immer wieder trafen, Gottesdienst feierten und durch die alten liturgischen Texte und Lieder die Erfahrung teilten, dass Christus wirklich da ist. Das hat über die Jahrhunderte, mittlerweile sogar Jahrtausende hinweg die Kirche und das Christentum geprägt.

Wenn sich dieses starke Gemeinschaftsgefühl mit einem ebenso starken Wahrheitsbewusstsein verbindet, führt das nicht zwangsläufig zur Ausübung von Macht?

Macht als solche ist ja nichts Böses – wenn sie etwa dazu dient, Frieden und Gerechtigkeit zu fördern. Aber Macht wird eben auch schnell missbraucht. Grundsätzlich ist diese menschliche Tendenz auch im Christentum zu sehen. Christinnen und Christen sind nun einmal Menschen und daher anfällig für solche menschlichen Mechanismen. Sie sind aber eben nicht nur Menschen, die ihre Macht zuweilen missbrauchen – die Bibel bezeichnet das als Sünde –, sondern sie sind auch Menschen, die mit Gottes Hilfe neu anfangen und Sünde überwinden können. Das Entscheidende ist, dass die Menschen, die in der Kirche beieinander sind, auf Christus selbst hören. Darum geht es in der Kirche. Durch dieses ernsthafte Hören auf Christus und das Praktizieren der Religion können Menschen davor bewahrt werden, sich einfach an die Welt, an die negative Seite der Macht auszuliefern.

Jesus selbst ist ein Opfer von politischer und religiöser Macht gewesen. Deswegen ist der Geist des Christentums per se machtkritisch. Selbst in Zeiten, in denen die Kirche sich der Macht angebiedert hat oder die eigene Macht missbraucht hat, hat es immer wieder Menschen gegeben, die die Stimme des Evangeliums, die Stimme Christi also, haben laut werden lassen. Diese Menschen haben dafür gesorgt, dass der Machtmissbrauch keinen Bestand hatte. So zum Beispiel auch in der Zeit des »Dritten Reiches«, während der sich in der Bekennenden Kirche Menschen zusammengeschlossen haben, die gesagt haben: Jesus Christus muss im Zentrum stehen, und deswegen ist die verbrecherische Ideologie abzulehnen, in der ein Führer und nicht Gott im Zentrum steht.

Klar gab es die Bekennende Kirche, und klar gab es intakte Landeskirchen. Aber gerade die nationalsozialistische Zeit ist doch ein gutes Beispiel dafür, wie die Mehrheit der Kirchenparlamente diesem Heldenchristentum auf den Leim gegangen ist. Muss man angesichts solcher Erfahrungen Karl Marx nicht Recht geben, wenn er behauptet: Religion ist das Opium des Volkes?

Ob die Deutschen Christen das zutreffende Beispiel für Marx' These sind, zweifle ich an. Aber Karl Marx hatte natürlich Recht: Religion kann durchaus Opium des Volkes werden – wenn sie nämlich von unhaltbaren Zuständen in der Welt ablenkt und sie nur religiös kompensiert. Doch beim christlichen Glauben geht es ja im Kern um Christus-Nachfolge. Wenn das ernst genommen wird, dann steckt darin immer eine kritische Spitze gegen die real existierende Welt. Opium des Volkes heißt ja, dass religiöse Menschen sich wegen der Aussicht auf den Himmel mit den Zuständen hier abfinden sollen. Genau das Gegenteil heißt aber Frömmigkeit. Frömmigkeit umfasst Gotteserfahrung und Nächstenliebe. Das heißt immer: die Welt verändern und die Not der Menschen im Hier und Jetzt überwinden und nicht mit hohlen Sprüchen aufs Jenseits verschieben.

Wer wirklich fromm ist, muss politisch sein und sich für die Welt interessieren. Gott ist Mensch geworden, in die Welt hineingegangen, hat die Welt verändert. Der christliche Gott hat sich nicht in irgendwelche spirituellen Sphären zurückgezogen, sondern ist in die tiefsten Niederungen der menschlichen Welt gedrungen. Fromm sein geht also immer mit einem besonderen Interesse an der Veränderung der Welt einher. Man kann nicht fromm sein, ohne die Gewalt überwinden zu wollen, die so viel Leid anrichtet, und ohne für Gerechtigkeit einzustehen.

Mit der Antwort kann ich gut leben. Ich hab den Eindruck, sie verdankt sich in gewisser Weise auch der Religionskritik von Karl Marx oder Friedrich Nietzsche. Ihre Kritik hat ja sicher dazu geführt, dass der eine oder andere ehrlicher über seinen Glauben nachdenkt. Da muss die Kirche den Kirchenkritikern doch dankbar sein! Marx und Co. hatten im Endeffekt ja eine durchaus konstruktive Kontrollfunktion für die Kirchen.

Das ist völlig richtig. Ich glaube auch, dass zwar nicht alle, aber schon eine ganze Reihe von Religionskritikern tatsächlich handfeste Defizite der Kirche aufgezeigt haben. Marx zähle ich dazu. Es war gut, dass die Kirche von seiner Kritik gelernt hat. Insofern ist die kritische Infragestellung der faktischen, erfahrbaren Kirche etwas, was man durchaus als Dienst an der Kirche verstehen kann. Da, wo sie sich entfernt vom Evangelium, da *muss* sie kritisch hinterfragt werden.

Deswegen sind manchmal die größten Kirchenkritiker studierte Theologen gewesen. Zum Beispiel war der berühmte Theologe Karl Barth, der radikal Christus ins Zentrum gestellt hat, ein ausgesprochener Kirchenkritiker. Wenn Marx bei der Kirche, die er damals vor Augen hatte, die Tendenz gesehen hat, dass Menschen einfach nur besänftigt werden und damit ungerechte Zustände stabilisiert werden sollen, dann war es völlig richtig, dass er demgegenüber beißende Kritik formuliert hat. Nur darf man daraus nicht schließen, dass daraus die Sache der Kirche und die Quelle der Kirche, nämlich Jesus Christus, erledigt sei.

Also sind Marx und andere Zweifler die besten Theologen?

Ich würde sagen, dass sie manchmal etwas an theologischer Wahrheit erkennen können, was die Theologen selber übersehen.

Meinst du, dass Karl Marx zufrieden wäre, wie sich die Kirche entwickelt hat? Wie, glaubst du, würde er heute die Kirche beurteilen?

Ich glaube, er würde wahrscheinlich schon sagen: Die Kirche hat gelernt. Allerdings ist es mehr denn je schwierig, von *der* Kirche zu sprechen. Es gibt auch heute neue religiöse Bewegungen, manche Pfingstkirchen beispielsweise, die von der Marxschen Religionskritik auch heute voll getroffen werden – Kirchen, die ganz stark mit Geist, ganz stark mit Erweckung und religiöser Herzensrhetorik arbeiten, aber völlig unpolitisch sind. Es gibt Kirchen, die überhaupt nicht daran arbeiten, dass die Welt sich verändert. Aber die Kirche, so wie ich sie in meiner Kirche in Deutschland oder auch im Weltkirchenrat erlebe, ist ganz und gar kein religiöses Beruhigungsmittel. Diese Form der Kirche ist, ganz im Gegenteil, ein lebendiger Freiheitsimpuls.

Wenn ich die Situation in Deutschland erkunde, muss ich zu dem Schluss kommen, dass es keine bundesweit in vergleichbarer Weise vor Ort verankerte Organisation gibt, die so nachhaltig und deutlich immer wieder auf die weltweite Ungerechtigkeit hinweist. Jeden Tag sterben Tausende von Menschen, weil die Ressourcen so ungerecht verteilt sind. Oder die Frage der Umweltzerstörung: Unter dem Stichwort »Bewahrung der Schöpfung« sind es vor allem auch die Kirchen gewesen, die immer wieder darauf hingewiesen haben, dass wir so nicht weiterwirtschaften können. Man könnte eine Reihe weiterer Beispiele bringen. Ich würde sagen, auf diese Art von Kirche trifft die Marxsche Religionskritik nicht mehr zu, und da hätte Marx, so glaube ich, wirklich den Eindruck: Die Kirche hat gelernt.

Trotzdem: In der öffentlichen Wahrnehmung ist die Kirche, glaube ich, nicht gerade in der Gefahr, sich dem Zeitgeist zu sehr anzupassen. Auf die meisten Menschen wirkt sie eher aus der Zeit gefallen. Die fehlende Begeisterung vieler Jugendlicher für den traditionellen Gottesdienst illustriert das vielleicht ganz gut. Ein geschichtliches Beispiel wäre der Kampf der Kirche im 16./17. Jahrhundert gegen wissenschaftliche Erkenntnisse wie die von Galileo Galilei. Wie stellt Kirche sicher, dass sie bei allem Bemühen, dem Zeitgeist nicht hinterherzulaufen, nicht den Kontakt zum Puls der Zeit verliert?

Sicherstellen kann man die Vermeidung von Irrtümern nie. Sie werden immer wieder passieren. Was man tun kann, ist, sich immer selbstkritisch zu hinterfragen und aus den Fehlern der Vergangenheit zu lernen. Die Beziehung der Kirche zur Wissenschaft war in der Vergangenheit tatsächlich ambivalent. Falsch war der Eingriff in die wissenschaftliche Erkenntniskultur in dem Sinne, dass Dinge, die einwandfrei erwiesen waren, nicht sein durften, weil sie der Lehre der Kirche widersprachen.

Wie die Kreationisten heute ...

Die Kreationisten sind eine fundamentalistische Bewegung aus dem protestantischen Milieu. Der Galileo-Prozess betrifft die katholische Kirche und die Frage, wie sich Erde und Sonne zueinander verhalten und wie die Erde beschaffen ist.

Beiden gemeinsam ist, dass sich eine Glaubensbewegung gegen die Erkenntnisse der Wissenschaft wendet. Im einen Fall hat die Kirche ihre Macht ausnutzen und Galileo fertigmachen können. Die evangelikalen Fundamentalisten heute haben zwar nicht die Macht, die Wissenschaft mundtot zu machen, raten aber zum Beispiel ihren Mitgliedern, ihre Kinder nicht wissenschaftlich unterrichten zu lassen.

Das ist sicher falsch. Wir sollten eigentlich aus der Geschichte gelernt haben, dass das Verbot bestimmter Erkenntnisse, die wissenschaftlich gut fundiert waren, völlig unmöglich ist. Aber es gibt eben auch die andere Seite, und jetzt komme ich zu einem bis heute positiven Aspekt von Wissenschaftskritik. Man darf nämlich auch die Wissenschaft nicht verabsolutieren. Man muss heute zum Beispiel sehr genau hinschauen, welche Erkenntnisse die Wissenschaft produziert und was für Auswirkungen diese Erkenntnisse haben. Die Atombombe war ein Produkt der modernen Wissenschaft. Wenn es also um die Frage geht, in welche Richtung geforscht und welches Ziel damit verfolgt wird, hat die Kirche nach wie vor eine ganz zentrale kritische Aufgabe. Die Kirche kann zur ethischen Schärfung des Umgangs mit Wissenschaft, also einem Wissenschaftsethos, beitragen.

Beispiel?

Präimplantationsdiagnostik, die künstliche Erzeugung von Leben, das Klonen von Menschen, Stammzellenforschung, Gentechnik. All das wird wissenschaftlich erforscht. Mit manchen der Techniken ist man auch schon weit fortgeschritten. Gleichzeitig ist ganz klar, dass der Mensch nicht alles, was er tun kann, auch tun soll, weil er damit zerstörerisch wirken kann. Hier müssen die Kirchen ihre Sicht einbringen, als Begleitung der Wissenschaften. Diese Begleitung darf nur nicht dazu führen, dass bestimmte Erkenntnisse nicht mehr veröffentlicht oder festgehalten werden, weil sie der Lehre der Kirche widersprechen. Aber ethische Sensibilität muss der Wissenschaft wichtig sein, und auf diese Sensibilität zu pochen, das kann und sollte Aufgabe der Kirche sein.

In meiner Generation verstehen viele nicht, wozu Kirche überhaupt gut ist und gerade, wenn man eher behütet aufwächst und alles wunderbar funktioniert, entsteht die Einstellung: Eigentlich ist die Kirche doch überflüssig. Das bedeutet zwar nicht, dass diese Jugendlichen der Kirche ablehnend gegenüberstehen. Aber sie ist ihnen egal. Was würde passieren, wenn man die Kirche abschaffen würde? Wie sähe die Welt ohne Kirche aus?

Ich glaube, die Welt wäre um vieles ärmer. Ganz offensichtlich ist, dass die Kirche in Deutschland eine ungeheure Bedeutung für die soziale Infrastruktur hat. Es sind zahllose Kindergärten, die wegfallen würden. Viele verschiedene Arten, Menschen zu helfen, würden verschwinden, von der Asylberatung bis hin zur Schwangerschafts-

oder Familienberatung. Man kann zig Dinge aufzählen, die plötzlich nicht mehr da wären und ein Riesenloch ins soziale Netz reißen würden. Das reichhaltige kirchenmusikalische Angebot, das auch außerhalb der Großstädte von hoher künstlerischer Qualität ist, würde wegfallen. Außerdem würde die seelsorgerliche Betreuung wegfallen, gerade auch bei Menschen, die vielleicht nie in den Gottesdienst gehen, vor einer wichtigen Lebensentscheidung aber doch den Rat eines Geistlichen – oder einer kirchlichen Beratungsstelle – möchten.

Oder denk an den Umgang mit dem Tod. Und ich meine gar nicht in erster Linie die Bestattung. Der Tod ist eine abgründige Erfahrung, einen Liebsten zu verlieren, plötzlich alleine zu sein und keine Sprache zu finden in der Trostlosigkeit. In solchen Situation kann es helfen, in die Kirche zu gehen, Zuflucht zu finden bei den alten Texten, den Liturgien, den Liedern, die Sprache geben oder Trost spenden. Es kann ja jeder jederzeit kommen. Wenn die Kirchen geschlossen wären – wie traurig.

Das gibt's aber auch im Positiven, in der Freude, bei einer Hochzeit zum Beispiel. Ein Paar spürt, dass es mehr gibt als das Menschengemachte, dass die Liebe ein Geschenk ist und dass sie auf Unterstützung angewiesen sind. Dass sich viele Menschen den Segen Gottes für eine Ehe wünschen, das kommt aus einer tiefen Intuition. Oder denk an die Taufe. Viele haben das Bedürfnis, dass ihr Kind in Gemeinschaft aufwächst, dass es klare Werte mit auf den Weg bekommt, dass es sich in guten wie in schweren Tagen getragen weiß, dass es unter Gottes Segen geborgen ist.

Wenn die Menschen über ihr Leben nachdenken, vor allem vor wirklich wichtigen Weggabelungen ihres Lebens, gibt es seelische Bedürfnisse, für die die Kirche die richtige Adresse ist.

Wer die Kirche abschafft, schafft auch diese Orte ab. Es gibt dann keinen Segen für die Kinder oder die Liebe. Es gibt dann keine solche Begleitung. Es gibt dann keine solche Gemeinschaft. Humanistische Rhetorik kann das nicht ersetzen.

Du hast die sozialen Dienste angesprochen. Was für manche ein Grund ist, aus der Kirche auszutreten, das ist die Kirchensteuer. Sie haben das Gefühl, dass ihr Geld woanders besser investiert wäre. Die Finanzierung der Kirche funktioniert ja vor allem auch wegen der wohlwollenden Beziehung von Kirche und Staat. Sie sind zwar klar getrennt, aber stehen durchaus positiv zueinander. In der Piratenpartei wurde diskutiert, die Abschaffung der Kirchensteuer zu fordern. Was antwortest du denen?

Ich glaube, dass das besondere Verhältnis von Kirche und Staat, das wir in Deutschland haben, ein Vorbild ist für die ganze Welt. Und zwar, weil die Kirche klare Distanz wahrt und sich vom Staat nicht vorschreiben lässt, was sie zu tun oder zu sagen hat. Kein Mensch aus Politik oder Verwaltung hat mir als Bischof Vorschriften zu machen, welche Stellungnahmen ich abgebe und welche nicht. Es wäre auch eine schlechte Idee, wenn das jemand versuchen würde. Das ist völlig klar. Umgekehrt ist aber auch richtig, dass der Staat sagt: Kirche und Religion haben eine öffentliche Bedeutung. Das ist nicht nur Privatsache, sondern eine wichtige Kraft ethischer Orientierung auch für Fragen, die die Öffentlichkeit beschäftigen. Deswegen gibt es überhaupt keinen Grund, die Kirche als etwas rein Privates zu sehen.

Dass der Staat die Kirchensteuer einzieht, also den Beitrag, den Mitglieder der Kirchen zahlen, ist keine Gnadenleistung, sondern das vergütet die Kirche dem Staat. Das ist kein kostenloser Freundschaftsdienst.

Die Kirche bezahlt dafür?

Die Kirche bezahlt den Staat dafür, dass er über die Finanzbehörden sein Instrumentarium dafür einsetzt, die Kirchensteuer abzuwickeln. Das ist auch kein geringer Betrag – in Bayern 2 Prozent der Kirchensteuererträge. Das wissen die meisten Leute nicht.

Stimmt, ich hab das auch noch nie gehört.

Ist aber so. Es wäre für die Kirche viel aufwändiger, die Steuer selbst zu organisieren, und für den Staat ist es kein besonderer Mehraufwand. Deswegen ist es in beider Interesse. Der Staat lässt sich seine Dienstleistung von der Kirche bezahlen, und die Kirche bekommt die Abwicklung günstiger, als wenn sie es selber machen würde. Dieses System hat sich bewährt. Dieses System ermöglicht, dass die Kirchen in Deutschland gut ausgestattet sind, damit sie viel Segensreiches tun können – sowohl hier in Deutschland als auch anderswo. Die Kirchen bemühen sich ja nicht nur vor Ort in den Gemeinden, sondern auch in anderen Ländern darum, dass Not und Leid überwunden werden. Deswegen kann ich nur sagen: Aus meiner Sicht wird dieses Geld, von einigen nie ganz zu vermeidenden Ausnahmen abgesehen, sehr segensreich eingesetzt.

In einer säkularen Gesellschaft mit einer Trennung zwischen Kirche und Staat ist Religion im öffentlichen Raum immer ein kontroverses Thema. Das findet hier in Deutschland unter anderem dadurch einen Ausdruck, dass über religiöse Symbole in öffentlichen Gebäuden diskutiert wird. Es gab vor einigen Jahren den Fall, dass ein Vater das Kreuz aus dem Klassenzimmer seines Sohnes verbannt sehen wollte und ein Gericht ihm Recht gegeben hat. In einer pluralistischen Gesellschaft, die wir ja hier in Deutschland haben wollen, würde ich intuitiv erst mal denken: Wenn der ein anderes religiöses Symbol hat, den islamischen Halbmond zum Beispiel, dann soll er ihn halt dazuhängen, statt den anderen ihre Religion madig zu machen. Wie verstehst du die Religionsfreiheit in diesem Bezug?

Du hast auf den Punkt gebracht, was ich auch denke. Die Konsequenz daraus, dass wir in einer religiös zunehmend pluralen Gesellschaft leben, kann nicht sein, dass wir anfangen, alle religiöse Symbolik auszurotten. Wenn wir positive Religionsfreiheit und Pluralismus ernst nehmen, sollten wir die zunehmende Vielfalt der religiösen Praxis in Deutschland gerade auch durch diese Symbole sichtbar werden lassen. Das heißt, dass nicht das christliche Kreuz verbannt werden sollte, sondern dass man, wenn in einer Klasse genügend muslimische Schüler sind, darüber nachdenken sollte, welches muslimische Symbol in diesem Klassenzimmer aufgehängt werden kann. Und zwar neben das Kreuz. Das ist wichtig, um Identifikation und Heimatgefühl zu ermöglichen. Es kann nicht sein, dass diejenigen den Ton angeben, die ausdrücklich sagen: Kinder dürfen keine religiösen Symbole vor Augen haben. Das ist genauso problematisch wie die Position, die wegen des eigenen Wahrheitsbewusstseins die Symbole anderer Religionen grundsätzlich verbannen möchte.

Wenn ich versuche, mich in diesen Vater hineinzudenken, vermute ich, dass er seinen Sohn im Sinne einer freiheitlich-humanistischen Philosophie erziehen möchte. Aber im Prinzip ist der Akt, mit so einem Verbotsantrag vor Gericht zu gehen, an Intoleranz kaum zu überbieten.

Ja. Er möchte den anderen ihre Symbole wegnehmen. Sein Sohn kann gerne die Charta der Menschenrechte mit dazuhängen. Die liegt ja sogar auch in der Ziellinie christlicher Ethik. Dass andere ihre Symbole nicht mehr anschauen dürfen, halte ich aber in der Tat auch für intolerant.

Viele Menschen interpretieren den Umgang der Kirche mit Geld als Ausdruck ihrer mangelnden Glaubwürdigkeit. Nach dem Motto: Sie predigen Wasser und trinken Wein. Und wenn ein Kirchenvertreter von der Option für die Armen spricht und sich selbst zur Predigt darüber in einer dicken Limousine vorfahren lässt, wirkt das schon seltsam. Ein Pfarrer wird wie andere Beamte nicht schlecht bezahlt, und ein Bischof wie du bekommt ein noch besseres Gehalt. Das ist nicht gerade der Weg in die Armut, wie Jesus ihn vorgelebt hat. Auch du hast einen Dienstwagen mit Fahrer. Es muss dich doch beschäftigen, dass Christus nichts als seine Sandalen und seine Robe hatte, der ärmste Wanderprediger überhaupt war, und du selbst eine dicke Limousine benutzt.

Es beschäftigt mich auch. Ich stelle mir diese Frage immer wieder. Es geht ja um die Frage, ob der Apparat, der mir als Landesbischof zur Verfügung steht, nicht zu sehr in Spannung steht zu der Botschaft des Evangeliums, wie du sie jetzt eben beschrieben hast. Ich bin mit dieser Auseinandersetzung keineswegs fertig. Ich habe auch tatsächlich das Auto gewechselt. Der neue Dienstwagen erfüllt jetzt beim Verbrauch zumindest die EU-Norm. Aber es ist immer noch ein sehr großes Auto.

Die Frage, die man sich grundsätzlich stellen muss, ist, ob man das Wanderpredigertum Jesu so direkt auf die heutige Zeit übertragen kann. Ich würde sagen, die Sensibilität für die Armut und das Eintreten für die Überwindung von Armut, die er vorlebt, ist auch heute noch bindend. Dass wir heute aber anders als die Menschen zur Zeit Jesu nicht davon ausgehen, dass die Welt bald zu Ende gehen wird und Gottes Reich dann überall auf Erden sichtbar wird, das hat natürlich auch Konsequenzen für unser Leben. Verantwortungsvolle Eltern können ihren Besitz nicht einfach hergeben, so wie Jesus und die Jünger das damals konnten, weil sie davon ausgingen, dass die Welt sowieso nicht mehr lange existiert. Wir müssen uns natürlich darüber Gedanken machen, wie unsere Kinder zum Beispiel eine gute Bildung bekommen.

Wenn ich in Bayern in der Landeskirche herumfahre, muss ich mir Gedanken darüber machen: Was ist wichtiger – dass ich kein Auto habe oder ein ganz kleines Auto, in dem ich dann aber nicht arbeiten kann, oder dass ich selber fahre und also der Fahrer eingespart wird? Oder ist es wichtiger, dass ich auf meinen Fahrten arbeiten kann, weil ich nicht selber fahren muss? Im Moment ist die Fahrzeit für mich reine Arbeitszeit. Da beantworte ich Briefe, da lese ich E-Mails, da bereite ich Predigten vor. Die schlichte Konsequenz daraus, dass ich kein Auto mit

Fahrer hätte, wäre, dass ich weniger zu den Menschen in den Gemeinden kommen kann. Ich könnte weniger kommunizieren. Weniger Briefe, weniger E-Mails, weniger Predigten, weniger Gemeindebesuche. Ich bin zu dem Ergebnis gekommen, dass ich dankbar bin dafür, dass ich gefahren werde und die Zeit produktiv nutzen kann, wenn ich nicht sowieso den Zug nehme. Mir ist es wichtig, dass ich möglichst viel mit Menschen in Kontakt stehe und möglichst viele Gemeinden besuche.

Ich glaube aber, es ist richtig, das immer wieder neu zu bedenken und die eigenen Entscheidungen zu überprüfen. Das Ergebnis muss aber bestimmt nicht immer so sein, dass ich einfach den Lebensstil des historischen Jesus zu kopieren versuche. Das ist ein bisschen komplizierter.

Die bayerische Kirche hat ja einen riesigen Haushalt, sie hat Immobilien, sie hat Aktien. All die Dinge, die ein Unternehmen macht, muss auch die Kirche machen. Wie geht die Kirche damit um? Sie will sich ja auch authentisch zu den Entwicklungen der Finanzkrise der EU äußern und muss einhalten, was sie von andern verlangt.

Man wird nie alles perfekt machen können. Diese Erwartung wäre Selbstbetrug. Aber es ist völlig richtig, dass wir es eben so gut wie möglich versuchen müssen. Unsere bayerische Landeskirche hat daraus die Konsequenz gezogen, dass sie ein nachhaltiges Investmentmanagement betreibt. Die Synode hat gerade wieder den Nachhaltigkeitsbericht vorgelegt bekommen. In diesem Bericht wird genau aufgelistet, was wir wo investieren. Unsere Politik ist, dass diese Investitionen zu möglichst 80–95 Prozent nachhaltig sein müssen. Nicht 100 Prozent, weil es immer Situationen gibt, in denen die Abgrenzung zu schwierig ist. Was aber klar ist: Wir investieren nicht in Rüstung. Wir investieren nicht in Atomkraft. Wir investieren nicht in Unternehmen, die mit embryonaler Stammzellenforschung, Pornographie oder Tabak zu tun haben. Das sind alles Beispiele dafür, dass wir sehr bewusst versuchen, mit unserem Besitz so umzugehen, dass es unseren eigenen ethischen Orientierungen entspricht. Aber noch mal, es gibt da natürlich auch Grenzen. Wenn eine Firma zum Beispiel Zahnräder produziert, dann können diese Zahnräder auch in Getrieben von Panzern eingesetzt werden. Fast jedes Teil kommt irgendwo an einem Ort vor, wo es sich nicht ethisch gut auswirkt. Insofern kann dieser Nachhaltigkeitsvorsatz immer nur eine Annäherung sein. Aber sich auch in dieser Hinsicht Gedanken zu machen und Geld bewusst zu verwalten ist sicher auch Auftrag der Kirche. Und wir haben das auch immer im Blick.

Kirche – jetzt wird es ganz und gar weltlich – ist auch Arbeitgeber. Und zwar ein ziemlich großer. Kirche und Diakonie sind also auch vor arbeitsrechtlichen Diskussionen nicht gefeit. Es gibt zum Beispiel Kritik daran, dass man evangelisch sein muss, um in der Diakonie zu arbeiten, oder auch daran, dass es kein Streikrecht gibt. Ist es so, dass die Kirche da ihre eigenen Standards nicht einhält?

Sie muss sich zumindest immer daraufhin prüfen, ob sie ihre eigenen Standards einhält. Und wenn das Ergebnis dieser Prüfung negativ ausfällt, dann muss es Veränderungen geben. In Bezug auf den Dritten Weg, den du jetzt gerade implizit ansprichst, muss man sehr genau hinsehen.

Dass die Kirche Menschen beschäftigt, die auch Mitglied der Kirche sind, ist schon nachvollziehbar. Ein kirchlicher Kindergarten ist nur dann wirklich ein kirchlicher Kindergarten, wenn man's auch merkt. Es darf also nicht nur evangelisch draufstehen, es muss auch evangelisch drin sein. Das heißt, es müssen biblische Geschichten erzählt werden und sie müssen so erzählt werden, dass die Kinder sie in ihrem Herzen nachvollziehen können. Die Frage ist also vor allem, wie strikt man dieses Kriterium handhabt. Wenn man zum Beispiel in den neuen Bundesländern gar nicht genügend Christen hat, die diese Arbeiten machen können, dann muss man da auch Kompromisse schließen. Aber der Grundgedanke, dass die Kirche Menschen beschäftigt, die auch hinter dem Inhalt der Kirche stehen, ist für mich schon nachvollziehbar.

Du hast den Dritten Weg erwähnt, der besagt, dass nicht Gewerkschaften den Lohn mit der Kirchenleitung aushandeln, sondern dass die Kirche eigene Gremien hat, in denen Leitung und Mitarbeiter die Tarife aushandeln. Es gibt bei dieser Form der Verhandlung in der Tat kein Streikrecht, weil man sagt: Die Kirche will es besser machen. Die Kirche will es schaffen, ohne Streik und Aussperrung so lange miteinander zu reden, bis ein Ergebnis zustande gekommen ist, hinter dem alle stehen können.

Beim Dritten Weg und der Frage, welche Löhne gezahlt werden, ist die Bewertung nicht einfach. Wir haben uns dieser Frage in Bayern immer wieder gewidmet und überprüft, ob die teilweise von Gewerkschaften erhobenen Vorwürfe, man nutze den Dritten Weg zur Absenkung der Lohn-Standards, stimmen. Nach eingehender Prüfung muss man sagen: Diese Vorwürfe treffen nicht zu. Dinge, die falsch laufen, findet man immer. Und die müssen dann korrigiert werden.

Bisher hat der Dritte Weg dazu geführt, dass man sich tatsächlich hat einigen können und insgesamt eher bessere Tarife ausgehandelt hat. Der Dritte Weg funktioniert aber immer nur dann, wenn man sich wirklich an einem christlichen Miteinander orientiert und gemeinsam einen Konsens finden möchte, der nicht im Kampf, sondern im Dialog entsteht.

Grundsätzlich gilt: Sollte sich irgendwann zeigen, dass die Kirche sich einen Wettbewerbsvorteil dadurch verschafft, dass sie den Dritten Weg zur Senkung der Lohnkosten ausnutzt, dann verliert dieser Dritte Weg seine Legitimität. Das sehe ich aber gegenwärtig nicht gegeben.

Eine der wichtigsten »Dienstleistungen« der Kirche ist der Gottesdienst. Jeden Sonntag, überall, in jeder Gemeinde, in fast jedem Dorf – jedenfalls in Bayern. Egal, wo man hinzieht, egal, was sich verändert, am Sonntag gibt's immer Gottesdienst. Trotz zurückgehender Besucherzahlen ist das so. Es ist unübersehbar, dass die Zahlen zurückgehen. Woran, glaubst du, liegt das?

Die Klage über den zurückgehenden Gottesdienstbesuch gibt es schon sehr, sehr lange. Ich lese da immer gerne ein Zitat aus dem 19. Jahrhundert vor, bei dem sich ein bekannter Theologe genau darüber beklagt. Es gibt den Gottesdienst immer noch. Es gibt immer noch mehr Menschen, die am Sonntag den Gottesdienst besuchen, als am Samstag in die Fußballstadien kommen. Nur: Über die Fußballstadien wird am Samstag in der Sportschau groß und am Sonntag über die Gottesdienste in der Breite kaum berichtet. Es ist deswegen auch kaum im Bewusstsein, dass viel mehr Menschen zum Gottesdienst als zum Fußball gehen.

Außerdem gehen die Mitglieder- und damit Besucherzahlen auch deshalb zurück, weil der soziale Zwang, Mitglied der Kirche zu sein, so gut wie verschwunden ist. Früher gehörte es zum guten Ton, in die Kirche zu gehen. Heute entscheidet sich jeder frei aus eigenen Stücken dafür. Das heißt, wir haben zwar weniger Mitglieder, dafür aber auch wirklich überzeugte Mitglieder, die Kraft eigenen Willens Mitglied werden oder bleiben. Und dass trotz dieser Individualisierung immer noch fast zwei Drittel der Menschen in Deutschland Mitglied einer Kirche sind, finde ich beeindruckend.

Aber unabhängig davon ist es richtig, dass wir uns Gedanken machen müssen, wie wir dieses Angebot noch besser profilieren können, denn ich glaube tatsächlich, dass der Gottesdienst ziemlich unterschätzt wird. Wir haben einige Projekte, die Jugendkirche LUX in Nürnberg zum Beispiel, da sind die Gottesdienste brechend voll mit Hunderten von jungen Leuten. Die kriegen es hin, die Gottesdiensterfahrung so zu gestalten, dass die Jugendlichen dort wirklich hingehen wollen und die Erfahrung dort nicht nur als Unterhaltung, sondern als Kraftquelle dient. Das sollte man ausbauen.

Aber es ist wichtig, zu betonen, dass es auch von den Menschen abhängt. Die Kirche kann nicht jeden Sonntag ein Riesen-Event veranstalten, um den Leuten einen Kick zu geben. Das nutzt sich ab, ist auch vom Aufwand her nicht zu stemmen und schon gar nicht Sinn der Sache. Der Sinn von Gottesdienst ist, den Menschen einmal in der Woche die Möglichkeit zu geben, Ruhe und Gemeinschaft zu finden, über sich selber nachzudenken und sich etwas von Gott sagen zu lassen.

Man könnte jetzt lange darüber reden, warum der Gottesdienst eine so wichtige Kraftquelle ist. Ich kann nur alle ermutigen, dieses Angebot zu nutzen. Als Kirche arbeiten wir permanent daran, es noch attraktiver zu machen.

6. Religionen und Konfessionen

JONAS BEDFORD-STROHM

Die größten Spannungen zwischen verschiedenen Religionen kommen ja oft dann, wenn die Vertreter der einen Religion ein krasses Wahrheitsbewusstsein haben und nicht akzeptieren wollen oder können, dass für andere Menschen eine andere Religion wahr sein kann. Was ist dein Wahrheitsanspruch in Bezug auf deine Religion? Wie gehst du mit diesem Wahrheitsanspruch im Dialog mit anderen Religionen um?

HEINRICH BEDFORD-STROHM

Natürlich bin ich fest von der Wahrheit des christlichen Glaubens überzeugt. Das kann auch gar nicht anders sein, denn ich kann mich nicht aufspalten und sagen: Ich glaube, dass Gott sich in Jesus Christus den Menschen gezeigt hat, aber eigentlich kann es genauso gut anders gewesen sein. Das führt für mich aber nicht automatisch zu dem, was der Absolutheitsanspruch des Christentums genannt wird. Obwohl ich fest von meinem Glauben überzeugt bin, muss ich nicht die Unwahrheit aller anderen Zugänge zu Gott behaupten.

Am Ende ist es Gott selbst, der den Zugang zu uns Menschen findet. Und mein Weg, über den ich zu Gott finden kann und über den Gott mich erreicht hat, führt über Jesus Christus. Das ist auch mein Kriterium zur Beurteilung der anderen Wege: ob sie dem Gott entsprechen, den ich in Jesus Christus erkannt habe. Aber das heißt keineswegs, dass damit ausgeschlossen wäre, dass über andere Religionen ein Zugang zu Gott möglich ist. Man kann das weder fest behaupten, noch kann man es fest zurückweisen. Man kann nur den Weg gehen, über den der eigene Zugang zu Gott führt.

Wer den christlichen Glauben ernst nimmt, davon bin ich fest überzeugt, wer auf Jesus schaut und darauf, wie er mit den Menschen umgegangen ist, der muss zu dem Ergebnis kommen, dass der Umgang mit anderen Menschen, eben auch Menschen mit anderen religiösen Überzeugungen, immer von Wertschätzung geprägt sein muss. Und wenn ich andere Menschen wertschätze, dann müssen mich auch ihre religiösen Gefühle interessieren.

Der Umgang mit anderen Religionen ist eine schwierige Gratwanderung. Wenn man zu viele Zugeständnisse macht, läuft man Gefahr, das eigene Profil zu verlieren. Wenn man zu wenig kompromissbereit ist, besteht die Gefahr der Feindseligkeit und Rivalität. Wie bringt man das zusammen? Das ist doch ein brutal schwerer Balance-Akt.

Die wichtigste Grundregel ist, dass ein Austragen religiöser Differenzen nie von Gewalt geprägt sein darf. Das ist etwas, was wir auch innerhalb des Christentums bitter lernen mussten. Im Dreißigjährigen Krieg haben sich Katholiken und Protestanten im Jahrhundert nach der Reformation blutig bekämpft. Die dahinter stehende Einstellung, man könne den eigenen Glauben mit Gewalt verbreiten, war und ist ein fürchterlicher Irrtum. Diese Einstellung steht dem, was in der Person Jesu sichtbar geworden ist, nämlich gerade ein Weg *ohne* Gewalt, diametral entgegen. Das Allerwichtigste ist also, dass religiöse Differenzen *nie* mit Gewalt ausgetragen werden dürfen.

Das Zweite aber ist, dass diese religiösen Differenzen auch *nie* zugunsten einer oberflächlichen Harmonie übertüncht werden dürfen. Man kann also auch nicht sagen: Wir glauben alle an denselben Gott, ohne sich bewusst zu sein, wie unterschiedlich die religiösen Zugänge sind. Das Bewusstsein der Unterschiede steht mit dem hohen Respekt vor den anderen Religionen keineswegs im Widerspruch. Der Respekt gebietet es geradezu, das Profil der Religionen nicht einfach zu verwischen.

Es ist zum Beispiel für Juden und Muslime völlig unmöglich, die christliche Trinitätslehre als wahr anzuerkennen, weil sie der christlichen Behauptung, Gott habe sich in einem Menschen auf Erden gezeigt, von ihrem Gottesbild her scharf widersprechen müssen. Das kann man nicht einfach aus Harmoniebedürftigkeit wegreden.

Trotzdem muss man sich einlassen auf die inneren Überzeugungen anderer Menschen. Man muss zumindest nachvollziehen können, wie andere Menschen ihre Religion leben. Das heißt ja dann keineswegs, dass man selbst diese Religion übernimmt und den Unterschied verwischt oder seine Identität verliert. Aber es ist wichtig, dass man die Religion des anderen versteht, schon allein aus Interesse und Wertschätzung dem Nächsten gegenüber. Gerade ein zutiefst überzeugter Christ muss versuchen zu verstehen, warum andere Menschen mit tiefster Leidenschaft aus ihren religiösen Überzeugungen leben.

Du hast den Dreißigjährigen Krieg und den historischen Konflikt seit der Reformation erwähnt. Nicht nur das Verhältnis zu anderen Religionen ist manchmal schwierig. Auch innerhalb des Christentums, im Verhältnis zwischen den Konfessionen, gibt es Spannungen. Warum kriegen es Katholizismus und

Protestantismus als Teil der gemeinsamen christlichen Religion immer noch nicht auf die Reihe, in wirklich positiver gegenseitiger Anerkennung zu leben? Warum ist es zum Beispiel immer noch nicht erlaubt, gemeinsam Abendmahl zu feiern, wenn doch bei den Menschen vor Ort überall die Gemeinsamkeiten viel wichtiger sind als die Unterschiede?

Die Differenzen im Abendmahlsverständnis führen dazu, dass die katholische Kirche sagt: Da das evangelische Verständnis nicht dem katholischen Verständnis der Eucharistie entspricht, ist es nicht möglich, dass evangelische Christen beim Abendmahl zugelassen sind oder umgekehrt katholische Christen außer in Ausnahmefällen zum evangelischen Abendmahl gehen dürfen. Das ist auf evangelischer Seite anders. Auf evangelischer Seite laden wir alle Christinnen und Christen zum Abendmahl ein, natürlich auch die Katholischen, weil wir die Unterschiede im Abendmahlsverständnis nicht als so gewichtig sehen, dass sie das gemeinsame Abendmahl unmöglich machen würden. Dass man das auf katholischer Seite anders sieht, bedaure ich, und ich hoffe, dass wir in dieser Frage in Zukunft weiterkommen.

Gleichzeitig gilt, was du gesagt hast, nämlich, dass Menschen überall auf der Welt und gerade auch in Deutschland schon jetzt beglückende gemeinsame gottesdienstliche Erfahrungen machen. Protestanten machen schon heute die Erfahrung, dass sie mit Katholiken und Orthodoxen um Jesus Christus herum versammelt sind und dabei spüren, dass Christus in der Mitte ist. Diese Erfahrung wird in ihrer Bedeutung, glaube ich, noch nicht genügend wahrgenommen. Die Ökumene, so erlebe ich das auch in meiner Tätigkeit als Landesbischof, ist an vielen Orten sehr lebendig, und insofern ist schon viel mehr ökumenische Gemeinsamkeit da, als wir manchmal wahrnehmen, wenn wir die Lage immer nur an bestimmten Aussagen des Papstes festmachen.

Selbst wenn man davon ausgeht, dass vor Ort die Menschen zusammen Gottesdienst feiern und es eine lebendige Ökumene gibt: Von der Lehre her und der Politik des Kirchen-Establishments sieht das anders aus. Der Papst-Besuch 2011 hat in Bezug auf die ökumenische Entwicklung viele enttäuscht. Dass der Papst evangelische Kirchen als keine Kirchen im eigentlichen Sinne bezeichnet hat, hat viele gekränkt. Es klingt immer ein wenig so, als wolle die katholische Kirche die irrgläubigen Protestanten doch irgendwann zurückholen.

Die Aussage, dass die evangelische Kirche nicht Kirche im eigentlichen Sinne ist, hat in der Tat zu viel Enttäuschung und auch Ärger auf evangelischer Seite geführt. Inzwischen ist diese Aussage immer wieder von katholischer Seite interpretiert worden. Sie wird heute so verstanden, dass eigentlich etwas Selbstverständliches gesagt wurde, nämlich, dass die evangelische Kirche nicht Kirche im katholischen Sinne ist. Eine zweite katholische Kirche ist die evangelische Kirche auch ganz bestimmt nicht. Wenn man das so interpretiert, kann man diese Aussage auch weniger dramatisch sehen.

Ich glaube aber, dass das gar nicht so entscheidend ist. Mich als evangelischen Christen provozieren solche Aussagen nur sehr begrenzt, denn ich bin gerne evangelisch. Ich weiß, warum ich evangelisch bin, und für mich steht völlig außer Frage, dass die evangelische Kirche eine Kirche im vollen Sinne ist. Trotzdem bin ich dankbar, wenn sich als Frucht dieses Gesprächs erweist, dass solche Aussagen weniger abgrenzend gemeint sind als zunächst gedacht.

Ich erlebe glücklicherweise auch auf kirchenleitender Ebene, dass die katholische Seite stark daran interessiert ist, Hürden zu überwinden. Natürlich ist die katholische Kirche in mancher Hinsicht fester an ihre Tradition gebunden als die evangelische. Wir Evangelische sagen: Die Kirche ist *immer* eine zu reformierende Kirche. Wir nennen das *ecclesia semper reformanda*. Die Kirche gibt es diesem Verständnis nach nicht, es sei denn, sie erneuert sich fortwährend.

Auf katholischer Seite ist das Verständnis von Tradition in bestimmter Hinsicht spezifisch. Die Entscheidungen der Konzile und die Lehrentscheidungen des Papstes können nicht widerrufen werden. Das heißt, die katholische Kirche *kann* gar nicht sagen: Das damals war alles falsch. Die Entscheidungen der Kirchenleitung haben vielmehr die gleiche Verbindlichkeit wie die biblischen Texte. Schrift und Tradition sind gleichrangig.

Auf evangelischer Seite ist das anders. Der Grundsatz Luthers war: Sola scriptura! Allein die Schrift! Das bedeutet, dass sich alles, was die Kirchen als Traditionen entwickelt haben, immer der Bibel selbst unterordnen muss. Deswegen können Protestanten leichter sagen: Wir überarbeiten unsere Traditionen. Insofern steht man in der Ökumene immer vor der Frage, inwieweit man die Texte der katholischen Tradition so auslegen kann, dass sie die Ökumene befördern. Das ist die Aufgabe der Theologenkommissionen, die sich um ökumenische Annäherung bemühen. Und das ist die eine Ebene.

Die andere Ebene aber ist tatsächlich die Ebene der

Menschen. Und ich muss ganz ehrlich sagen: Für mich, der ich die Kirche im Sinne eines Priestertums aller Gläubigen verstehe, hat das großes Gewicht, wenn die Gläubigen gemeinsam Erfahrungen machen, dazu noch in vieler Hinsicht sehr gelingende, beglückende Erfahrungen.

Seit Längerem wächst in der katholischen Kirche eine Art Reformbewegung unter Priestern, die sich unter anderem mit der Abendmahlsfrage, aber auch dem Zölibat auseinandersetzt. Als der deutsche Bischof Müller als Chef der vatikanischen Glaubenskongregation, also als vom Papst direkt beauftragter Hüter der katholischen Lehre, berufen wurde, war viel von Sicherung der Rechtgläubigkeit die Rede. Ich kann natürlich nur die Berichterstattung verarbeiten. Aber das, was ich gehört und gelesen habe, klang so, als versuche der Vatikan unter Androhung von Konsequenzen, diejenigen zurückzupfeifen, die versuchen, die Lehre weiterzuentwickeln und die Kirche zu erneuern. Das muss doch beunruhigen! Wie siehst du vor diesem Hintergrund die Zukunft der Ökumene? Siehst du da, ganz ehrlich, eine realistische Chance für die Konfessionen, näher zusammenzukommen?

Zunächst mal hat sich Erzbischof Müller zuallererst gegen die extrem konservative Piusbruderschaft abgesetzt. Dass seine Stoßrichtung dabei also die Sicherung der katholischen Lehre gegen rückwärtsgewandte und auch anti-ökumenische Traditionalisten war, verdient ausdrücklich wahrgenommen und unterstützt zu werden.

Ich freue mich über alle leidenschaftlich ökumenisch gesinnten Kräfte in der katholischen Kirche und ich freue mich über alle Möglichkeiten, gemeinsamen Boden zu finden. Insofern hoffe ich natürlich sehr, dass sich die ökumenisch offenen Kräfte in den innerkatholischen Dialogprozessen durchsetzen. Die Fragen, die im Moment in der katholischen Kirche diskutiert werden, beziehen sich ja an vielen Stellen auch auf die innere Struktur der Kirche. Die Frage ist, ob die maßgeblichen Entscheidungen vom Bischof getroffen werden oder ob sie das Produkt eines intensiven Dialogprozesses sind.

Wir haben da als Evangelische natürlich eine klare Position, die im synodalen Prinzip ihren Ausdruck findet. Dieses Prinzip bedeutet, dass die Vertreter der Gemeinden den entscheidenden Ausschlag geben. Die Synode, also die Gemeindevertreter, wählt nicht nur den Landesbischof, sondern sie ist auch das oberste gesetzgebende Organ.

Das ist im katholischen Kirchenverständnis anders. Insofern muss ich respektieren, wenn man das dort nicht so macht, wie wir das machen. Gleichzeitig glaube ich, dass es innerhalb der katholischen Lehre viele Möglichkeiten gibt, die Traditionen wahrheitstreu so zu interpretieren, dass die Differenzen zum evangelischen Verständnis immer geringer werden.

Ich freue mich in keiner Weise über Konflikte innerhalb der katholischen Kirche. Mir tut es weh, wenn katholische Christen von ihrer Kirche enttäuscht sind. Mir tun auch katholische Kirchenaustritte genauso weh wie evangelische. Ich freue mich als Evangelischer nicht darüber, wenn die katholische Kirche Gegenwind bekommt, sondern ich hoffe, dass diese Konflikt- und Dialogprozesse zu einem Ergebnis führen, das der katholischen Kirche Kraft gibt. Ja, und ich glaube wirklich, dass wir *gemeinsam* als orthodoxe, katholische und evangelische Christen Kirche sind und uns nicht gegenseitig die Gläubigen abzujagen versuchen sollten. Wir sollten vielmehr in der Welt Christus bezeugen in den jeweiligen Traditionen, aus denen wir kommen.

Wir haben über den interkonfessionellen Dialog gesprochen. Wenn wir jetzt auf die interreligiöse Ebene gehen, potenziert sich das Konfliktpotenzial. Im 21. Jahrhundert ist eines der wichtigsten interreligiösen Themen die Beziehung von Islam und Christentum. Beide Religionen sind monotheistische Traditionen mit Heiligen Schriften, Jesus von Nazareth findet man sowohl in der Bibel als auch im Koran, viele Elemente des Alten Testaments wurden einfach in den Koran übertragen. Als ich angefangen habe, ihn zu lesen, hatte ich nach den ersten Suren den Eindruck, das Werk eines Propheten zu lesen, der sich durchaus in der Tradition der Tora sieht. Mohammed wirkt auf mich wie jemand, der Christen und Juden konstruktiv-kritisch begegnet und gar nicht feindlich-verachtend, trotz der brutalen Passagen, die sich weiter hinten finden. Woher kommt die allgemeine Wahrnehmung, dass der Islam grundverschieden zum Christentum ist? Was sind die theologischen Unterschiede?

Der Hauptunterschied ist das Verständnis von Jesus. Jesus kommt in der Tat auch im Koran vor. Der Koran bezieht sich auch tatsächlich immer wieder auf die Heiligen Schriften der Juden und der Christen, also das Alte und Neue Testament. Insofern ist diese Verbindung zwischen Judentum, Islam und Christentum ganz eindeutig. Aber der für das Christentum entscheidende Punkt, nämlich die Deutung von Jesus, unterscheidet die beiden Religionen genauso unzweideutig. Jesus war nach christlichem Verständnis nicht nur ein eindrucksvoller Mensch und

Prophet, sondern in Jesus Christus hat sich Gott selbst gezeigt.

Dass das für das Gottesverständnis eine entscheidende Bedeutung hat, ist aus meiner Sicht auch ganz klar. Wenn Christen von einem Gott sprechen, der in einem Folteropfer auf Erden sichtbar geworden ist, folgt daraus, dass Christen ihren Gott als einen Gott verstehen, der bis in die tiefsten Tiefen der menschlichen Erfahrung herabgestiegen ist und deswegen ganz nah bei den Menschen ist und uns sogar im Mitmenschen begegnen kann. »Das, was ihr den Geringsten eurer Brüder getan habt, das habt ihr mir getan«, sagt Christus. Wir sprachen darüber. Das alles sind ganz wesentliche Bestandteile des Glaubens. Das sind nicht irgendwelche Nebenthemen, sondern das betrifft den Kern des christlichen Glaubens. Auch der Auferstehungsglaube ist allein im Christentum zu Hause. Dass am Ende eben nicht der Tod, sondern das Leben das letzte Wort hat und der christliche Gott folglich ein Gott des Lebens ist, der den Tod überwindet – all das sind zentrale Aussagen des christlichen Glaubens. In all diesen Punkten unterscheiden wir uns vom Islam.

Alt-Bundespräsident Christian Wulff hat gesagt, der Islam gehöre zu Deutschland. Was sagst du? Gehört der Islam zu Deutschland?

Eindeutig ja. Man kann nicht sagen, dass die Muslime zu Deutschland gehören, ihr Glaube aber nicht. Diese Unterscheidung wird zwar immer wieder gemacht, sie wird aber schlicht und einfach nicht der Bedeutung gerecht, die Religion für Menschen hat. Wenn Menschen zutiefst überzeugt sind von ihrer Religion, wenn sie aus ihren religiösen Traditionen leben und vor allem hier in Deutschland mit diesen Traditionen leben, dann kann man nicht einfach sagen: Die Menschen wollen wir, den Glauben sollen sie aber lieber draußen lassen. Deswegen ist die Aussage »Die Muslime gehören zu Deutschland!«, über die breite Einigkeit besteht, aus meiner Sicht automatisch mit der anderen Aussage verbunden, dass auch ihre Religion zu Deutschland gehört. Wir haben zum Teil immer noch so ein Bild: Deutschland ist christlich, und dann gibt's irgendwo auch noch ein paar andere. Inzwischen hat in Bayern aber ein Fünftel der Bevölkerung einen Migrationshintergrund. Das bedeutet sehr häufig auch eine andere Religion. Da muss man zu sich selbst auch so ehrlich sein, dass deren Religion auch Teil unserer bayerischen, unserer deutschen Kultur wird.

Ich finde auch, wir Deutschen sollten nicht so viel Angst davor haben. Diese Angst ist ein Ausweis von Unsicherheit. Wer wirklich fest vom christlichen Glauben überzeugt ist, der strahlt Selbstbewusstsein und Offenheit aus und kein Abgrenzungsbedürfnis.

Du sprichst davon, dass man die religiösen Gefühle von anderen Menschen verstehen wollen und ernst nehmen muss, damit interreligiöser Dialog gelingen kann. Stattdessen grenzen sich manche Deutsche gerade mit dem ausdrücklichen Hinweis auf die »christlich-jüdische Tradition« von anderen Religionen scharf ab.

Gerade wenn das christlich-jüdische Erbe bemüht wird, frage ich mich oft, woher diese Religiosität kommt. Diejenigen, die sich auf das »christliche Abendland« berufen, sind oft die gleichen Menschen, die in der Diskussion um den Umgang mit Asylbewerbern in Deutschland verlangen, dass sich die

Kirche aus der Politik heraushält. Diese Menschen werden also sehr plötzlich sehr religiös, wenn es darum geht, sich vom Islam abzugrenzen. Sie sprechen dann vom drohenden Zerfall der deutschen Identität durch Minarette.

Ich habe in Washington ein halbes Jahr lang gegenüber von der Nationalen Moschee der Vereinigten Staaten gelebt und jeden Tag Muslime dort beten sehen. Ich habe nicht gerade den Eindruck, dass diese Erfahrung meine kulturelle Identität ins Wanken gebracht hat. Woher kommen diese Thesen zur deutschen Leitkultur? Glaubst du auch, dass unsere kulturelle Identität gefährdet ist, wenn wir Moscheen in unseren Städten haben?

Das glaube ich keineswegs. Die Kulturen sind immer so stark, wie sie sich fühlen. Wenn ein Glaube gelebt wird, wenn die Menschen ihn mit Leidenschaft leben, dann muss niemand Angst haben, dass andere Religionen ihn erdrücken. Ich glaube, das Problem besteht darin, dass viele Christen ihre eigene Religion viel zu wenig kennen und dass sie Bilder der anderen Religion haben, die noch nie dem Realitäts-Check unterworfen worden sind.

Im Falle des Islam ist es schlicht und einfach so, dass das Bild des Islam von dem geprägt ist, was wir im Fernsehen vor uns haben, wo häufig die Fundamentalisten zu sehen sind, wo wochenlang von den Salafisten und den Polizeiaktionen gegen fundamentalistische Prediger in Deutschland die Rede ist. Dass das Bild vom Islam dann auch bei großen Teilen der Bevölkerung vom islamischen Fundamentalismus geprägt ist, ist überhaupt kein Wunder.

Deswegen ist es so wichtig, dass möglichst viele Menschen den Islam in seiner eigentlichen Breite kennen lernen und Kontakt aufnehmen mit den Muslimen, die in der eigenen Stadt leben. Man kann zum Beispiel die Moschee besuchen und die Erfahrung machen, dass es liebenswerte, höfliche und äußerst offene Menschen sind, denen man da begegnet. Jedenfalls habe ich diese Erfahrung immer wieder gemacht. So kann man Freundschaft schließen und deswegen auch die Religion der Muslime noch mal ganz anders wahrnehmen, als wenn das Verständnis dieser Religion nur von Kriminellen geprägt ist, die im Fernsehen zu sehen sind.

Es ist einfach ein Faktum, dass islamische Fundamentalisten hier in Deutschland eine verschwindende Minderheit sind. Die übergroße Mehrheit der Muslime will einfach nur friedlich mit den Menschen anderer Religion leben. Durch die Mauern religiöser Vorurteile hindurchzustoßen ist nur möglich, wenn man sich begegnet. Deswegen plädiere ich aus *christlicher* Leidenschaft dafür, dass wir uns begegnen und uns einlassen auf das Kennenlernen der Religion der anderen.

In Coburg, wo ich meine Schulzeit verbracht habe und du Gemeindepfarrer warst, ist letztes Jahr die Idee entstanden, dass man die lokale Hinterhof-Moschee mit einer Kuppel und einem Minarett ausstattet und sie so öffentlich als religiösen Ort sichtbar macht. Dieser Plan der muslimischen Gemeinde ist sehr kontrovers diskutiert worden mit einigen durchaus kritischen Stimmen. Am Ende war aber eine überwältigende Mehrheit im Stadtrat und in der öffentlichen Debatte für die Genehmigung dieses Bauvorhabens. Ich war stolz auf unser weltoffenes Coburg, das selbstbewusst die christlich-abendländischen Werte des Respekts und der Freiheit lebt, statt sich vor Angst verkrümmt in Abgrenzung zu üben. Irgendwann fingen dann manche Internetportale an, öffentlich gegen das Minarett und die Befürworter zu hetzen, anonym, versteht sich. Der so genannte Fränkische Heimatschutz hat angefangen, auch dich, als Vertreter der Evangelisch-Lutherischen Landeskirche, ins Visier zu nehmen, weil du dich geweigert hast, an der »Bürgerbewegung« gegen die muslimische Gemeinde teilzunehmen. Man kritisiert dich als zu freundlich und zu offen, unter anderem auch, als du die islamische Gemeinde in Penzberg besucht hast.

Mich haben diese Pamphlete schockiert. Dass man so eine hasserfüllte Hetze von Rechtsradikalen oder auch christlichen Fundamentalisten persönlich in der eigenen Familie erleben muss, weil man zu freundlich zu anderen Menschen ist, hat mich wütend und auch ein bisschen traurig gemacht. Ich war im ersten Moment ein wenig überfordert, weil ich zwar weiß, dass jeder, der das liest und halbwegs bei Verstand ist, es ohne Wenn und Aber verurteilt. Aber trotzdem will man das eigentlich nicht unwidersprochen da stehen haben. Gleichzeitig möchte man natürlich nicht selbst ins Visier geraten. Wie gehst du als direkt Betroffener damit um?

Sehr unterschiedlich. Wenn ich Hass-Mails kriege, denen ich anmerke, die Menschen platzen fast vor Hass gegen andere Menschen und Religionen und sind gar nicht zugänglich für rationale Argumentation oder ein Gespräch, dann habe ich damit, was meine Person angeht, wenig Probleme. Diese Menschen tun mir schlicht und einfach leid, weil ich mir denke, wer so aus dem Hass lebt, kann nur extrem unglücklich sein. Das ist nichts, was mich verunsichert oder mir wirklich wehtut.

Dann gibt es Menschen, die mir schreiben, die bestimmte Argumente haben oder Informationen über

Menschenrechtsverletzungen in islamischen Ländern und andere wichtige Themen zum Ausdruck bringen. Da lohnt es sich, ins Gespräch zu kommen. Mit diesen Menschen im Dialog zu sein, das ist mir wichtig, selbst wenn es ein Gespräch mit sehr unterschiedlichen Standpunkten ist. Die Erfahrungen möchte ich hören und ernst nehmen. Umgekehrt sage ich dann aber auch, dass wir den Islam nicht auf Extremisten und Kriminelle reduzieren dürfen. Ich bin sehr froh, wenn man die Kirche *nicht* nach den schlimmen Erfahrungen beurteilt, die viele Menschen in der Christentums-Geschichte mit ihr eben auch gemacht haben. All das Leid, das im Namen Christi angerichtet wurde, kann kein Grund dafür sein, das Christentum ad acta zu legen.

Das sage ich als Christ. Und das Gleiche muss ich auch dem Islam zubilligen. Ich kann nicht, weil im Namen des Islam schlimme Dinge getan werden, den Islam als solchen gleich mit verurteilen. Da müssen wir einfach fair miteinander sein. Das sind Argumente, die ich dann in solchen Dialogen bringe. An diesen Gesprächen bin ich interessiert. Wenn Menschen ernsthaft darum ringen, wie sie ihr Verhältnis zu anderen Religionen, in diesem Fall speziell dem Islam, denken sollen, dann finde ich das für die Entwicklung unserer demokratischen Gesellschaft und unseres Verhältnisses zur Religion insgesamt eine wichtige Sache.

Du hast mich gefragt nach dem Coburger Minarett. Ich glaube, dass es richtig ist, solche Minarette, die als Türme die Moschee auch öffentlich sichtbar machen, zuzulassen, weil ich nichts davon halte, den Islam in Hinterhofmoscheen zu verbannen. Was ich mir wünsche, ist ein demokratisch aufgeklärter Islam, der im Dialog mit der Gesellschaft steht, zum Beispiel eine theologische Ausbildung an den Universitäten bereitstellt und insgesamt konstruktiv zur Gesellschaft beiträgt. Wenn man die Hinterhofmoscheen zum Modell erklärt, ist die Gefahr viel größer, dass die Fundamentalisten am Ende die Oberhand erhalten. Deswegen halte ich es für richtig, den Islam wahrzunehmen, ernst zu nehmen und zu würdigen als Teil unserer Gesellschaft. So kann man die Muslime und Muslimas dann auch in den demokratischen Diskurs einbinden.

In diesen Hetzpamphleten, von denen ich gesprochen habe, sind immer wieder auch Bibelzitate eingebaut. Häufig kommen da die Stichworte Ungläubige oder Heiden vor. Man sucht sich bestimmte einzelne Zitate aus der Bibel raus, entfernt jeden Kontext und würfelt sie munter durch, um am Ende ein buntes Mischmasch in aggressivem Ton zu produzieren. Wie verstehst du als studierter Theologe die Bibel in Bezug auf den interreligiösen Dialog?

Zunächst mal sind die Beispiele, die du nennst, sehr traurige Beispiele, weil sie auf christlicher Seite nichts anderes tun als islamische Fundamentalisten auf islamischer Seite, nämlich mit bestimmten Koran- oder Bibelzitaten sozusagen Munition zu finden, um gegen die andere Religion möglichst starke Geschütze aufzufahren.

Es ist weder im Islam noch im Christentum glaubwürdig, mit herausgerissenen einzelnen Bibelzitaten zu argumentieren. Man muss schon die Bibel insgesamt und insbesondere den Kern der Bibel ernst nehmen: Jesus Christus selbst. Aus meiner Sicht muss Jesus Christus *das* entscheidende Kriterium sein für die Beurteilung anderer Religionen.

Wenn man das ernst nimmt, kann man nicht ignorieren, dass Jesus Christus die Liebe zu allen Menschen als Person repräsentiert. Jesus ist gerade zu den Menschen unterschiedlicher Herkunft gegangen. Man muss zum Beispiel zur Kenntnis nehmen, dass in der Geschichte vom barmherzigen Samariter nicht die Juden als biblisches Volk im Zentrum stehen, sondern die Samariter. Das Volk von Samaria hat einen anderen Gott angebetet als die Juden. Das zeigt, dass Jesus um der Nächstenliebe willen Grenzen überschritten hat.

Wenn man Jesus also wirklich ins Zentrum rückt, dann muss man anderen Menschen mit Wertschätzung begegnen. »Liebe deinen Nächsten wie dich selbst« bezieht sich nicht nur auf die Christen; es bezieht sich auf *alle* Menschen. Ich kann einen Menschen nie immer nur dann lieben, wenn er sich zu Jesus Christus bekennt. Die Nächstenliebe ist eine radikale Liebe. Wer wirklich mit Ernst Christ ist, der muss anderen Menschen, und dann eben auch ihrer Religion, mit Offenheit begegnen.

Im Süden der USA stößt man regelmäßig auf ein ziemlich exklusives Verständnis von Religion. Die Überzeugung, dass diejenigen, die nicht an Jesus Christus als Gottes Sohn glauben, verdammt sind und für alle Ewigkeit in der Hölle schmoren werden, ist weit verbreitet. Diese Schwarz-weiß-Rhetorik hat während der Präsidentschaft von George W. Bush auch politisch Ausdruck gefunden: Wer nicht für uns ist, ist gegen uns. Bush hat sich auf seinen Feldzügen im Irak vom christlichen Gott gestützt und ermutigt gefühlt. Er hat mal verlautbart: »Gott hat mir aufgetragen, George, geh' los und bekämpfe die Terroristen in Afghanistan, und ich habe es getan. Dann hat Gott mir aufgetragen, George, geh' los und beende die Tyrannei im Irak, und ich habe es getan. Und jetzt fühle ich wieder, dass das Wort Gottes zu mir kommt. Geh' los, gib den Palästinensern ihren Staat, den Israelis ihre Sicherheit und dem Nahen Osten seinen Frieden. Und bei Gott, ich werde es tun.« Wenn man diesem Zitat Glauben schenken darf, und vieles spricht dafür, hat Bush also wie die Terroristen vom 11. September 2001 religiöse Motivation zur Rechtfertigung von tödlicher Gewalt angeführt. Mit diesem Freund-Feind-Denken kann aber doch Dialog gar nicht entstehen?!

Ich halte die Aufteilung der Welt in gut und böse schlicht für unchristlich. Dass Jesus selbst die Feindesliebe verkündigt hat, steht im tiefen Widerspruch zu einer Einstellung, die in anderen Menschen nur den Feind sieht. Aber es ist ein fundamentalistisches Denkmuster, das es in allen Religionen gibt, inklusive Islam, aber eben auch im Christentum. Dieses Denkmuster kann die eigene Identität nur durch die Abwertung der anderen stärken. Der christliche Glaube und Jesus Christus als sein Kern strahlen eine genau gegenteilige Botschaft aus: Das Wesen des Christentums besteht in der Annahme der anderen und darin, dass die anderen nicht als Gegner oder als Gefahr für die eigene Identität gesehen werden, sondern als Bereicherung. Deswegen steht – noch mal – die Wertschätzung und Offenheit anderen Menschen gegenüber, egal welcher kulturellen Herkunft sie sind, im Zentrum des christlichen Glaubens.

Sie hat ihre einzige Grenze an dem, was wir heute die Menschenrechte nennen. Da, wo andere Überzeugungen systematisch die Menschenrechte sabotieren, da darf es meiner Ansicht nach keine Toleranz geben – und zwar wiederum aus dem christlichen Glauben heraus. Herabwürdigungen anderer Menschen dürfen nicht toleriert werden.

Das Bild, das wir vom Islam haben, ist sehr geprägt von dem, was wir in den Medien mitverfolgen können. Woher sollen wir auch sonst unsere Informationen nehmen, wenn es wenig organisierten Kontakt zu Muslimen gibt und die Integration nicht immer gut funktioniert.

Hier in Deutschland oder im Westen generell begegnet einem immer das Bild vom Muslim als Araber. Die Sicht auf den Islam ist sehr dominiert von der arabischen Version des Islams, was sicher irgendwie logisch ist, wenn man bedenkt, dass Mohammed als der Überbringer des Korans aus eben dieser arabischen Welt stammt. Trotzdem ist die seit den Terroranschlägen vom 11. September dominierende Sichtweise etwas merkwürdig, wenn man sich klarmacht, dass die arabische Welt zahlenmäßig nur einen kleinen Teil des weltweiten Islam ausmacht. Allein in Indonesien, dem bevölkerungsstärksten Land des Islams, leben etwa 200 Millionen Muslime. Das sind mehr als in Saudi-Arabien, Iran, Irak, Syrien, Libanon, Afghanistan und Palästina zusammen. Trotzdem haben wir beim Islam immer Araber im Kopf. Das ist doch verrückt!

Du weist auf ein wichtiges Phänomen hin, das wir auch im Christentum kennen. Wir verwechseln manchmal Kultur und religiöse Überzeugung. Wir nehmen bestimmte religiöse Traditionen so automatisch im Lichte einer bestimmten Kultur wahr, dass wir überhaupt nicht merken, dass diese Traditionen in anderen Kulturen ganz anders verstanden werden können.

Wenn wir hier in Deutschland mit bestimmten Phänomenen konfrontiert sind, die wir dem Islam zurechnen, merken wir manchmal gar nicht, dass es sich nicht um genuin islamische Dinge handelt, sondern um kulturelle Erscheinungen. Ein Beispiel ist die Blutrache. In den Schlagzeilen der Zeitungen und unseren Köpfen bleibt bei einem neuen Fall von Ehrenmorden unter Muslimen hängen: Der Islam beinhaltet die Praxis der Ehrenmorde.

In Wirklichkeit ist das Teil einer archaischen, dörflichen Kultur, die es genauso im Christentum gegeben hat. Auch heute wird in bestimmten christlichen Gesellschaften noch von Phänomenen wie Blutrache berichtet. Diese brutalen familiären Ehrenkodizes wachsen aus der Kultur der jeweiligen Kontexte heraus und liegen nicht in der Religion begründet. Wir hier in Deutschland schreiben diese Dinge dem Islam zu, weil wir in einer christlichen Gesellschaft leben. Das ist aber Unsinn. Das Thema der Ehrenmorde ist ein gutes Beispiel dafür, dass wir den kulturellen und den religiösen Hintergrund unterscheiden müssen.

Wenn man sich kurz vor Augen führt, wo Ehrenmorde vollzogen werden, fallen mir die Kultur der Mafia in Italien ein und der Kanun, das Gesetz der Blutrache, in Albanien. Italien ist christlich geprägt, und auch in Albanien hat die Blutrache nichts mit Religion zu tun. Im Gegenteil: Dort sind es die kirchlichen Institutionen, die versuchen, dem Gesetz der Blutrache etwas entgegenzusetzen. Trotzdem klingeln bei uns im Bezug auf Islam und Gewalt die Alarmglocken viel lauter als bei Gewalt in anderen Kontexten.

Im Politikseminar an der Uni in Südafrika hat eine skandinavische Studentin eine Präsentation zum Amoklauf von Anders Breivik in Norwegen gehalten. Das Attentat war gerichtet gegen Migranten und diejenige politische Partei, die für den

Versuch steht, diese Menschen in die Mitte der Gesellschaft zu holen, statt sie an den Rand zu drängen. Die Studentin hat uns gefragt, was unsere erste Gefühlsreaktion war, als wir von den Morden im Sommerlager auf Utoya gehört haben. Alle haben gesagt: Der muss verrückt sein. Der kann nicht einer von uns sein, der ist ein kranker Psycho, der nichts mit der aufgeklärten, christlich-abendländischen Kultur zu tun hat. Ich hab die Gewalttat also nicht als logische Konsequenz seiner Kultur oder Religion verstanden, sondern als Ausbruch daraus.

Dann ist mir aufgefallen, dass meine Reaktion – und offensichtlich auch die öffentliche Reaktion in den Medien – auf die Terroranschläge vom 11. September eine andere war. In diesem Fall wurde die Gewalt nicht als Ausbruch aus der Kultur in der arabischen Welt oder des Islams gesehen, sondern als logische Konsequenz daraus. Jeder hat sofort den Bezug zum Islam hergestellt.

Wir kennen unsere Kultur und verstehen jedes Ereignis aus unserem kulturellen Kontext heraus. Dadurch sind wir aber immer gefärbt in unserer Interpretation zum Beispiel von Gewalttaten. In einem Fall wollen wir, dass der Täter krank ist und ein psychisches Problem hat, weil es bequemer ist, als die eigene Kultur hinterfragen zu müssen. Im andern Fall verstehen wir die Täter als Kämpfer einer bestimmten Ideologie und projizieren das auf den gesamten Islam. Wenn also etwas im Namen unserer eigenen Kultur geschieht, betonen wir, wie wenig dieser Mensch, der glaubt, in unserem Interesse zu handeln, mit uns zu tun hat. Wenn etwas im Namen einer fremden Kultur passiert, betonen wir nicht, wie wenig der Täter eigentlich mit seiner Religion noch zu tun hat, sondern stellen einen ganzen Kulturraum mit seiner Religion unter Generalverdacht.

Es hat aber natürlich Gründe, wenn Menschen bei Attentaten von Muslimen den direkten Bezug zum Islam herstellen. Al-Quaida ist ja nicht irgendeine kriminelle Terroristenvereinigung, sondern eine Vereinigung, die explizit im Namen des Islams diese Taten vollbringt.

Anders Breivik hat das auch gemacht. Seine Morde hat er begangen, um unsere christlich-abendländische Kultur zu »verteidigen«. Er sieht sich quasi als Dschihadist für unsere Kultur. Er nimmt in manchen Reden sogar explizit Bezug auf das Christentum. Breivik nimmt in seiner Tirade auf den »Multikulturalismus« genauso explizit Bezug auf Gott, Kirche und Christentum. Er versteht seine Morde als Kampf gegen die Sozialdemokraten in der westlichen Welt, die »uns« durch ihre Offenheit im Kampf gegen den Islam schwächen, und nennt sich selbst einen »hundertprozentigen Christen«. Das ist eine regelrechte Dolchstoßlegende, die er da zusammenstückelt.

Wenn eine Vereinigung, der Anders Breivik angehören könnte, das in ihren Anschlägen als Manifest so zum Ausdruck bringen würde, dann müsste man in der Tat auch von einem christlichen Fundamentalismus, der sich kriminell organisiert, sprechen. Das ist aber bisher sehr wenig der Fall. Es gibt christliche Fundamentalisten, aber mir ist keine christliche Terrororganisation bekannt. Insofern gibt der fundamentalistische Islam gegenwärtig schon mehr Anlass, die Religion mit der Gewalttat zu verbinden. Das Entscheidende aber ist: Man muss dahinterschauen. Terroristen, die im Namen des Islams Gewalt verüben, diskreditieren damit nicht den Islam insgesamt, so wie das in unserer Vergangenheit mit dem Christentum auch nicht der Fall war.

Das Wort Islam kann je nachdem, mit welchen Vokalen man das Wort im Arabischen füllt, auch mit Frieden übersetzt werden. Eine Religion, die Friede heißt, sollte eigentlich gewaltfrei sein. Gleichzeitig beobachten wir jeden Tag viele gewaltsame Akte in dem Namen der Religion Islam. Wie interpretierst du aus christlicher Perspektive das Verhältnis des Islams zur Gewalt?

Es ist eine wichtige Aufgabe für den Islam, für jede Muslima und jeden Muslim, deutlich zu machen, dass die Aufrufe zur Gewalt gegen Ungläubige, die im Koran vorkommen, in den Kontext der Botschaft des Korans insgesamt gestellt werden müssen und deswegen von keinem Muslim der Welt als direkte Anleitung zum Töten verstanden werden dürfen. Die gleiche Aufgabe haben wir als Christen im Hinblick auf vergleichbare biblische Texte auch.

Wir haben uns damit als Folge fürchterlicher Gewaltperioden in unserer Geschichte schon intensiv auseinandergesetzt und ein insgesamt sehr kritisches Verhältnis zur Gewalt in den Kirchen gewonnen. Es ist eine permanente Herausforderung, darüber nachzudenken, ob es Situationen gibt, in denen die Anwendung von Gewalt gerechtfertigt ist. Die stellt sich dem Islam genauso wie dem Christentum. Dass der Begriff Islam das Wort Frieden zum Inhalt hat, ist als solches aber natürlich kein Argument. Wie man Frieden versteht, hängt sehr von der individuellen Interpretation ab. Da ist die Interpretation, die Frieden so versteht, dass der Islam sich komplett durchsetzt und alle Ungläubigen ausgeschaltet sind, keine Version, die akzeptabel wäre. Diese Version ist aber auch für viele Muslime nicht die richtige Interpretation

Ich habe das Gefühl, unsere Schule in Deutschland bereitet uns auf die globalen Kulturkonflikte kaum vor. Ich habe in der Schule nicht das Wissen vermittelt bekommen, das notwendig wäre, um den islamischen Terrorismus auch nur in Grundzügen zu verstehen. Man kann den Terrorismus nicht verstehen, wenn man sich nie intensiv mit der Kolonialgeschichte und der jahrhundertelangen Ausbeutung durch den Westen auseinandergesetzt hat. Terrorgruppen wie Al-Quaida benutzen ja noch heute sehr stark eine anti-imperialistische Rhetorik, die den gewaltsamen Angriff auf kulturelle, westliche Symbole wie die Türme des World Trade Center zum Befreiungskampf stilisieren und sich selbst als Opfer der westlichen Kultur vermarkten.

Man kann die Wurzeln des heutigen Terrorismus nicht verstehen, wenn man die Gräuel der eigenen Kultur in den vergangenen Jahrhunderten nicht ausreichend studiert hat. Im Geschichtsunterricht kommt diese Dimension der kulturellen Konflikte auf der Welt eindeutig zu kurz. Man behandelt den Nationalsozialismus mehrfach und so intensiv, dass manche Schüler davon fast schon genervt sind, während die jahrhundertelange Knechtung der schwachen Nationen in Afrika, Asien und Südamerika durch die starken Nationen in Europa und Nordamerika nur sehr am Rande und in sehr abstrakten Formen behandelt wird.

Wir sind in einem Dilemma: Die Terroristen glauben, sie müssten ihre Lebensweise und ihre Normen und Regeln schützen, und benutzen dafür religiöse Gefühle und Befreiungsrhetorik. Sie verstehen sich als Opfer. Und der Westen glaubt, er müsse sich gewaltsam gegen den Terrorismus wehren, und hat Kriege in Afghanistan und im Irak begonnen. Der Westen sieht sich also genauso als Opfer. Das ist eine extrem gefährliche Situation, weil beide sich in die Ecke gedrängt fühlen. Da kann nur helfen, das Selbstbewusstsein in beiden Kulturkreisen zu fördern.

Die Voraussetzungen für beide Kulturkreise sind sehr unterschiedlich. Der Westen hat die kraftvollen Freiheitsideale und die massive wirtschaftliche und politische Dominanz auf seiner Seite. Die islamische Welt hat archaisch anmutende Regelwerke wie die Sharia. Sie hat damit wirtschaftlich und politisch absolut keine Chance gegen den Einfluss des Westens. Die Hilflosigkeit angesichts der krassen Unterschiede in Macht und Einfluss verstärkt die ohnehin schon gefährliche Dynamik bis hin zu militärisch unlösbaren gewaltsamen Konflikten in Afghanistan. Die Konflikte, die oft verkürzt als Islam-Christentum-Konflikte beschrieben werden, haben ganz oft ganz andere Hintergründe. Es geht um lokale Territorien-Konflikte, um den Umgang mit verübtem Unrecht, um politische Interessen der Mächtigen vor Ort, um kulturelle Konflikte zwischen Einheimischen und Zugezogenen. Die Konflikte in Palästina und Indonesien sind beste Beispiele dafür. Es geht um sehr vielschichtige Konflikte, aber in den Medien ist häufig das einzige Kriterium, unter dem der Konflikt betrachtet wird, die Religion, und das typische »Islam gegen Christentum« wird bemüht. Oberflächlicher geht's kaum.

Die Vielschichtigkeit der Konflikte zu beschreiben ist sicher wichtig. Gleichzeitig muss man aber auch sagen: Gewaltsame Zusammenstöße sind eine Herausforderung an die Interpretation der eigenen heiligen Schriften. Die Frage ist, ob die religiösen Traditionen in dieser Vielschichtigkeit der Konflikte als eine Stimme des Friedens und der Bekämpfung von Gewalt sichtbar werden oder nicht.

Die Christen sind die meistverfolgte Minderheit weltweit. Wenn also Christen verfolgt werden, häufig ist das in muslimischen Ländern der Fall, dann kann das nicht reduziert werden auf eine Gegenreaktion auf den Imperialismus des Westens. Dann ist natürlich auch eine bestimmte Interpretation des Korans, von dem man meint, Legitimation oder sogar Motivation zu bekommen, eine Triebkraft der Gewalt. Da muss man in aller Entschiedenheit protestieren, auch von hier aus. Nichts rechtfertigt die Verfolgung von Gläubigen anderer religiöser Traditionen. Es ist daher wichtig, im Islam einen Diskurs zu befördern, in dem die gewaltfreien Traditionen des Korans wiederentdeckt werden. Und dafür gibt es vielfältige Bündnispartner, die eine friedliche Interpretation des Islams voranzutreiben versuchen. Das sind zum Beispiel Wissenschaftler an Universitäten rund um den Globus, aber auch Imame hier in Deutschland oder in anderen Teilen der Welt. Mit denen sollten wir zusammenarbeiten, die sollten wir ermutigen, damit nie wieder irgendwo auf der Welt im Namen der Religion, egal, welche es ist, andere Menschen verfolgt werden.

Du hast Bezug genommen auf ein Argument, das Atheisten und Agnostiker häufig im Gespräch über Religion anbringen: die gewaltsame Geschichte der Religionen miteinander und das viele Leid, das sich Mitglieder verschiedener Religionen gegenseitig angetan haben. Das Klischeebeispiel dafür sind die Kreuzzüge. Ist diese Gewalt in der Religion angelegt gewesen? Was ist da schiefgelaufen? Wie antwortest du Menschen, die dieses Argument als Kritik an Religion insgesamt anbringen?

Es gilt, was du vorhin sehr richtig und deutlich beschrieben hast, nämlich die Vielschichtigkeit der Konflikte. Wer sich den Nordirland-Konflikt anschaut zwischen Katholiken und Protestanten, der sieht schnell, dass im Kern des Konfliktes ein sozialer, ein Klassenkonflikt steckt. Es geht um Nationalismus und ähnliche Dinge, die sich dann immer an die Religion dranhängen. Das muss man zunächst mal nüchtern analysieren und verstehen, wie in einem konkreten Konflikt Religion instrumentalisiert wird für die eigenen Zwecke, die sich aus ganz anderen Motiven als Religiosität speisen.

Dass Religion instrumentalisiert werden kann, liegt darin begründet, dass sie tief an die Seele rührt. Religion betrifft die Menschen in ihrer gesamten Existenz. Deswegen ist es nicht verwunderlich, dass überall da, wo die Menschen leidenschaftlich für oder gegen irgendetwas kämpfen, schnell die Religion ins Spiel gebracht wird. Der entscheidende Punkt ist, ob die Gewalt im Kern in der Religion begründet liegt oder ob sie von außen in die Religion hineingetragen wird. In der Regel ist es bei religiösen Traditionen wie dem Judentum, dem Christentum und dem Islam in den Texten, die den Religionen zugrunde liegen, so, dass in ihnen das *ganze* Leben mit seinen Licht- und Schattenseiten zum Ausdruck kommt, und damit eben auch die Gewalt. Die Frage muss dann sein: Gehört die Ausübung von Gewalt oder die Unterdrückung anderer Menschen zum Kern dieser Religion oder nicht? Im Fall des christlichen Glaubens sage ich in aller Entschiedenheit: Sie widerspricht diametral dem Kern der Religion. Ich habe schon auf den berühmten Ausspruch von Jesus Christus hingewiesen: »Liebet eure Feinde! Tut wohl denen, die euch fluchen!« Jesus ist sogar noch weiter gegangen und hat gesagt: Widersteht dem Unrecht nicht. Wer dir auf die linke Backe schlägt, dem halte auch die rechte hin. Noch deutlicher kann man die Überwindung von Gewalt durch die für den anderen verblüffende Annahme selbst des Gewalttäters als Gottes gutes Geschöpf nicht machen. Deswegen muss man in aller Klarheit feststellen: Da, wo im Namen des christlichen Glaubens Gewalt verübt wurde, ist der christliche Glaube missbraucht worden, und ihm wurde im Kern zuwidergehandelt.

In der Geschichte des Christentums ist der tendenziell gewaltsame Eifer, andere zu missionieren, immer wieder hervorgebrochen. Damit ist viel Leid über Bevölkerungsgruppen überall auf der Welt gebracht worden. In Südafrika habe ich erlebt, welche Konsequenzen es hatte, dass Einwanderer aus Europa ein pseudo-christliches Regime aufgebaut haben und die einheimische Bevölkerung über Jahrhunderte hinweg systematisch unterdrückt wurde. Gleichzeitig haben die christlichen Missionare, die Christen überhaupt Schulen gebaut, die einheimischen Sprachen systematisch aufgeschrieben und anderen zugänglich gemacht, Fortschritt ermöglicht, Landwirtschaftstechniken entwickelt und und und. In Südafrika haben fast alle Freiheitskämpfer wie Nelson Mandela in Missionarsschulen, also quasi durch das Christentum, ihre Ausbildung bekommen, die es überhaupt erst ermöglicht hat, gegen das Regime zu kämpfen. Der Gedanke der Mission war also oft sehr ambivalent, manchmal sogar widersprüchlich. Die reformierte Kirche wollte unbedingt die ganzen Schwarzen missionieren, als die dann aber theologisch ausgebildet waren, durften sie nicht als Pastoren arbeiten. Solche Beispiele ziehen sich durch die ganze Missionsgeschichte. Man spürt, dass die Missionare oft sehr hehre Ziele hatten. Genauso deutlich sieht man aber auch, welch problematische Züge die Mission bekommen hat.

Heutzutage kennt man den Begriff Mission eher noch aus den Kindergärten der Inneren Mission oder den Anlaufstellen der Bahnhofsmission. Was hat es mit diesem Begriff heute auf sich? Und wie kann man die gewaltsamen, unterdrückungsähnlichen Konsequenzen der Mission in der Kirchengeschichte heute einordnen?

Ich finde es sehr gut, dass du die Missionsgeschichte so differenziert schilderst, also nicht nur als Gewaltgeschichte, sondern auch mit all den Seiten, die auch sehr viel Gutes bewirkt haben für viele Menschen. Trotzdem sind die Erfahrungen mit der Geschichte der Mission so, dass wir in der christlichen Theologie unser Verständnis von Mission verändert haben. Mission heißt heute Dialog. Mission heißt nicht, dass wir unser Verständnis des Glaubens anderen Menschen aufdrücken wollen. Wir sehen nicht erst dann einen Erfolg, wenn die anderen unser eigenes Verständnis übernommen haben. Häufig ist damit ja auch einfach ein Kulturimperialismus verbunden gewesen. Das, was wir für unsere Religion gehalten haben, war am Ende im Wesentlichen unsere Kultur, die wir den anderen aufgezwungen haben.

Da ist man heute weiter. Letztlich ist Mission die Mission Gottes. Gottes Mission für die Welt ist, dass alle Menschen in Würde leben können, dass die Menschen die Möglichkeit haben, ihre Gottesbeziehung zu leben, dass die Menschen die Natur als Gottes Schöpfung betrachten und entsprechend behandeln. Das alles ist Teil der Mission Gottes für die Welt. Mission heißt also im heutigen Kontext, das Reich Gottes zu bezeugen.

Das bedeutet auch, hinzuhören, wenn Menschen *ihre* Verständnisse des Glaubens uns gegenüber zum Ausdruck bringen. Und dann stellen wir, die wir früher Missionare ausgesandt haben, fest, dass wir selber dazulernen müssen. Die wechselseitige Bereicherung durch das Hinhören auf das Zeugnis der anderen macht den eigentlichen Kern von Mission aus. Dann kann Mission unser Leben bereichern. So habe ich das in Tansania erlebt. Ich habe sehr viel von der Art, wie die Menschen dort ihr Christsein leben, gelernt. So erleben es umgekehrt auch Menschen in Tansania, die dankbar sind, wenn wir mit unserem theologischen Hintergrund unser Verständnis des christlichen Glaubens zum Ausdruck bringen. Mission muss heute immer ein wechselseitiger Prozess sein.

Die großen Religionen wie Judentum, Islam, Christentum, Buddhismus, Hinduismus, auch der Atheismus, sind weltweite Religionen und häufig auch international organisiert. Mit der weltweiten Rolle des Papstes und des Vatikans ist das in der katholischen Kirche deutlich zum Ausdruck gebracht. Bei den Protestanten wird dieser Aspekt eher selten wahrgenommen. In der eigenen Familie hab ich diese weltweite Dimension des Protestantismus aber immer sehr deutlich mitbekommen. Du bist für den Weltkirchenrat oder ähnliche Institutionen bis nach Afrika und Südamerika gereist. Was hat's damit auf sich?

Jedenfalls gehört ein Verständnis von Kirche jenseits nationaler Grenzen ebenso zum Kern des evangelischen Verständnisses wie zum katholischen Verständnis. Wenn Katholiken im Glaubensbekenntnis die Worte »die eine heilige katholische Kirche« sprechen, meint das Wort katholisch ja nicht die römisch-katholische Kirche, sondern die eine, die weltumspannende, die universale Kirche. Auf evangelischer Seite ist das im Glaubensbekenntnis mit den Worten »heilige christliche Kirche« zum Ausdruck gebracht.

Wir bekennen die Universalität der Kirche also gemeinsam. Das hat natürlich die Konsequenz, dass wir nur dann wirklich verstehen können, wer Christus heute für uns ist, wenn wir Christus immer auch mit den Augen der anderen sehen und uns davon bereichern lassen. Das ist ein ganz wesentlicher Grund dafür, dass für mich auch die evangelische Kirche schon immer weltweite Kirche war und deshalb die weltweite Ökumene eine wichtige Ebene meiner kirchlichen Arbeit war.

Das Zweite ist aber auch, dass die Verantwortung gegenüber anderen Menschen eine weltweite Verantwortung ist. Wenn wir von Schwestern und Brüdern im Glauben sprechen, es uns dann aber kalt lässt, wenn diese Schwestern und Brüder in anderen Teilen der Erde Not leiden, dann stimmt irgendwas nicht. Deswegen ist der zweite Grund, warum wir als Kirche immer auch weltweit tätig sind, dass wir das Leid von anderen Menschen in anderen Teilen der Welt unser eigenes Leid sein lassen. In unseren Gebeten und Gottesdiensten thematisieren wir immer wieder bewusst auch die Not in anderen Ländern. In unseren ökumenischen Organisationen bekommt das dann auch eine ganz praktische Dimension, indem wir helfen, da, wo wir das können. Die Mitarbeit und Hilfe ist mindestens genauso wichtig wie der Austausch.

Die konkrete Hilfe, die die Kirchen durch Entwicklungs- und Katastrophenhilfe leisten, wird in typischen Diskussionen über die Kreuzzüge meistens völlig vergessen. Unser Blutrache-Beispiel in Albanien von vorhin zeigt aber sehr deutlich die praktische Dimension der weltweiten Ökumene. Dort sind es nämlich Nonnen, die für die Interessen der unter Blutrache stehenden Kinder kämpfen und versuchen, ein alternatives Verständnis von Konfliktlösung zu verbreiten. Öffentliche Anerkennung bekommen diese Menschen im Alltagsgeschäft in Deutschland kaum. Agnostiker und Atheisten, die nur das Leid durch Religion sehen, würden die Religion vielleicht anders wahrnehmen, wenn sie von dieser Helfer-Dimension mehr mitbekämen. Die Piraten würden wahrscheinlich auch nicht gegen die Kirchensteuer wettern, wenn sie einen Seelsorger im Gefängnis oder einem Seniorenheim oder einen Notfallseelsorger drei Wochen lang bei der Arbeit begleiten würden.

Deutlich zu machen, an wie vielen Stellen weltweit sehr viel Segensreiches im kirchlichen Auftrag passiert, ist eine wichtige Aufgabe. Das widerspricht jedenfalls einem Klischeebild von Kirche, das immer nur die negativen Merkmale kirchlicher Arbeit betont. Es ist wichtig, dass man nicht ideologisch an diese Dinge herangeht. Man muss sowohl die Grenzen, die Versäumnisse, die Fehlleistungen in allen Religionen und im Falle des Atheismus auch der Nicht-Religionen nüchtern anerkennen und umgekehrt aber auch das Segensreiche wahrnehmen. Es ist immer falsch, wenn man so durch die Welt geht, dass man im Eigenen immer nur das Gute sieht und im anderen nur das Böse. Wir brauchen nüchterne Selbstkritik, ohne aber das eigene Licht unter den Scheffel zu stellen. Das wünsche ich mir auch für die Kirche.

7. Tod

JONAS BEDFORD-STROHM

Wie ist es für einen Pfarrer, eine Beerdigung zu halten? Diese regelmäßige Konfrontation mit so viel Trauer und Leid muss doch sehr anstrengend sein.

HEINRICH BEDFORD-STROHM

Ich hätte früher auch gedacht, dass Beerdigungen und damit die direkte Konfrontation mit dem Tod zu dem Schwersten gehören, was der Pfarrerberuf beinhaltet. Wenn es richtig tragisches, wirklich schlimmes Leiden und abgründige Erfahrungen sind, mit denen man zu tun hat, dann ist das auch so. Aber ich habe es auch anders erlebt, nämlich, wenn ich Menschen begleitet habe, die krank waren und zum Beispiel Krebs hatten, und dann sehr bewusst mit ihnen den Tod vorbereitet habe. Ich habe mit einer krebskranken Frau, die ich schon länger kannte, am Ende noch einmal das Abendmahl gefeiert, Beichte abgenommen und Vergebung zugesprochen. Ich habe erlebt, dass der Tod auch etwas sein kann, in dem viel Frieden ist. Natürlich hängt es davon ab, wie man das Sterben gestaltet und wie die Menschen, die im Sterben liegen, selbst mit dem Tod umgehen. Ich habe sehr beeindruckende und bewegende Erfahrungen in der Sterbebegleitung gemacht. Deswegen ist der Tod nicht nur etwas Schreckliches. In der Erfahrung des Todes kann auch eine Erfahrung der tiefen Geborgenheit in Gott spürbar werden, die zeigt, dass der Tod am Ende nicht das letzte Wort hat.

Es sterben aber ja nicht nur 90Jährige friedlich im Schlaf, sondern es werden Babys getötet, es sterben Kinder beim Autounfall, es gibt plötzliche Herztode bei jungen Erwachsenen und Familienvätern. Was spendet dir Trost, wenn du mit so etwas konfrontiert bist?

Insbesondere der Tod von Kindern, der macht tatsächlich sprachlos. Da gibt es auch keine Trostformeln, die in irgendeiner Art und Weise – sozusagen – funktionieren. Im Gegenteil: Billige Trostformeln erreichen genau das Gegenteil. Es gibt nichts Schlimmeres als Aussagen wie »Es wird schon wieder« oder »Es musste jetzt so sein« oder »Es war halt Gottes Wille«. Solche Aussagen verschlimmern in der Regel das Leid der Menschen, die mit einfach schrecklichen Erfahrungen des Todes konfrontiert sind.

Deswegen ist für mich eigentlich immer das einzig wirklich Tröstliche gewesen, dass ich weiß, dass Gott selbst in diesem schrecklichen Leiden und in der Todeserfahrung da ist. Nicht als Strippenzieher, sondern auf jeden Fall, und das kann ich sicher sagen, als jemand, der bei den Leidenden ist. Wir haben schon öfter darüber gesprochen: Es ist das Charakteristische des christlichen Glaubens, dass hier derjenige, der Gott in der Welt sichtbar macht, selber die Erfahrung des Todes gemacht hat und das Leid genau kennt. Zu wissen, dass diese Erfahrung des schrecklichen Leidens nicht notwendigerweise in den Abgrund, ins Nichts führt, sondern zu wissen, dass sie aufgehoben ist in der Geschichte Gottes mit den Menschen, an deren Ende die Auferstehung steht, das kann trösten.

Vom Beten kommt der Tote auch nicht zurück. Woher kommt diese Hilfe konkret?

Für mich spielt die Bibel dabei eine ganz zentrale Rolle. Die biblischen Bilder, auf die ich persönlich mich einlasse und die ich den Menschen, die ich besuche, nahezubringen versuche, können ganz konkret helfen. Da ist zum Beispiel das Wort aus der Offenbarung 21, dem letzten Buch der Bibel, für mich wie ein Schaufenster in die Ewigkeit. Dieses Wort spricht davon, dass Gott abwischen wird alle Tränen, »und es wird kein Leid mehr sein, noch Geschrei, noch Schmerz wird mehr sein«. Und dann heißt es: »Der auf dem Thron saß, sprach: Siehe, ich mache alles neu.« Es ist die Rede von dem neuen Himmel und der neuen Erde, die sichtbar wird, wenn wir uns ganz in Gottes Hand geben. Und ich habe einfach das feste Zutrauen, dass es das wirklich gibt. Ich glaube, dass es wirklich einen Horizont jenseits unseres irdischen Lebens gibt, in dem wirklich alle Tränen abgewischt werden. Dieses tiefe Vertrauen verändert den Umgang mit dem Tod.

Hast du in deinem direkten Umfeld schon mal Erfahrung mit dem Tod gemacht? Die Großeltern in Passau leben ja noch, Oma Ann und Opa Crayton auch.

Ich habe selber den Tod von ganz nahen Angehörigen noch nicht erlebt; schon von Menschen, die mir lieb und nahe waren, aber nicht von den liebsten und nächsten Angehörigen inklusive meiner Eltern. Aber ich hoffe schon darauf, dass es mir, auch dann, wenn ich selbst vom Tod naher Angehörigen betroffen bin, so geht, dass mein Vertrauen trägt. Für dieses Vertrauen spielen die Visionen und Bilder der Bibel, mit denen die Menschen damals versucht haben, ihr Vertrauen auf ein Leben nach dem Tod in Gottes Hand in Worte zu fassen, eine große Rolle.

Gesetzt, irgendjemand, den wir lieb haben, würde gerade an Weihnachten sterben. Das muss sich doch anfühlen, als hätte Gott es auf mich abgesehen. Ist der Tod eine Strafe? Ich glaube, viele empfinden den Tod in der Situation genau so.

Ich kann deswegen nicht sagen, dass der Tod eine Strafe oder eine Rache Gottes ist, weil es einfach im tiefen Widerspruch steht zu dem, was ich von Jesus Christus über den Tod weiß. Jesus Christus – ich sag's noch mal – ist selbst in den Tod gegangen und hat sozusagen das Leiden in Gott selbst erfahrbar gemacht. Wenn das wirklich stimmt, dann kann Gott nicht teilnahmslos oder lieblos straforientiert mit Menschen umgehen, sondern dann ist Gott immer ein empathischer Gott, er ist ein Gott, der mit den Menschen mitleidet. Deswegen kann ich mir Gott nicht als einen vorstellen, der Roulette spielt und gerade mal auswürfelt, wer als Nächstes sterben soll, oder der aus Zorn den Entschluss fasst, jemanden mit dem Tod zu bestrafen. Ich kann mir Gott so nicht vorstellen, weil es ganz offensichtlich im Widerspruch zu Gottes Offenbarung in Jesus Christus stehen würde.

Walt Disney hat mit dem »Circle of Life« in »Der König der Löwen« das Leben und den Tod als eine Art ganzheitlichen Lebenszyklus illustriert. Ich finde es eine interessante Idee, dass der Tod Teil der Lebensbejahung ist. Das Leben wäre ohne den Tod nicht so kostbar. Das Leben verläuft nicht im Unendlichen, sondern spannt eine Art Lebensbogen, der endlich ist.

Ich glaube schon, dass es so was wie einen Lebensbogen gibt und es irgendwann auch Zeit ist, zu sterben. Sehr alte Menschen bringen auch immer wieder zum Ausdruck, dass es jetzt reicht und es jetzt genug ist. Sie haben vielleicht ein langes, erfülltes Leben gehabt und dann das Gefühl, dass es irgendwann an der Zeit ist. Über Abraham heißt es in der Bibel: »Er starb alt und lebenssatt.« Ich finde das einen schönen Ausdruck. Er beschreibt einen Tod, der am Ende eines erfüllten Lebens steht und – für mich jedenfalls – keinen Schrecken hat. Insofern gehört der Tod in der Tat zu einem gelingenden Leben dazu. Ich kann schon gut nachvollziehen, was hinter dem alten Kinofilmtitel »Hunde, wollt ihr ewig leben?« steht. Der Versuch, sich selbst unsterblich zu machen, ist nichts Attraktives.

Was sagt die Bibel dazu?

Ich habe im Theologiestudium in der Schöpfungsgeschichte eine Entdeckung gemacht, die relevant ist für die Versuche der Menschheit, das Leben ewig zu verlängern. Im Paradies, so wird berichtet, stand der Baum der Erkenntnis. Von dem wird normalerweise erzählt, wenn es um Adam und Eva und den Sündenfall geht. Das ist das Bekannte. Es gibt aber noch einen zweiten Baum, von dem in der Bibel die Rede ist, nämlich den Baum des Lebens. Und wenn wir diese alte Geschichte lesen oder erzählen, dann hören wir davon, dass Gott Adam und Eva aus dem Paradies vertrieben hat und dann zwei Engel den Eingang bewachen, damit die Menschen nicht wieder ins Paradies kommen.

Normalerweise führt man das zurück auf den Sündenfall und den Baum der Erkenntnis. In Wirklichkeit steht an dieser Stelle aber noch etwas anderes. Da steht nämlich, diese Engel sollen vor dem Paradies stehen, damit der Mensch nicht auch noch vom Baum des Lebens isst und unsterblich wird (1. Mose 3,22–23). Das ist für mich gerade im Hinblick auf die neuen Biotechnologien und die Lebenswissenschaften eine ganz heilsame Geschichte, weil sie sagt: Gott schützt uns vor uns selbst. Wenn wir die Grenze des Todes und damit der Endlichkeit des Lebens nicht respektieren wollen, dann ist das für den Menschen eine Gefahr. Für mich ist es ein Akt der Liebe Gottes, dass er uns davor schützt, diese Grenze zur Unsterblichkeit zu übertreten. Die Geschichte hilft uns, unsere Endlichkeit anzunehmen.

Ich hab den Eindruck, dass die Kirche wahrscheinlich neben Hospizen, Krankenhäusern und Friedhöfen eine der wenigen Institutionen ist, die sich überhaupt mit dem Tod beschäftigt. Ich bin aufgewachsen mit den Nivea-Werbungen für die Q10-Anti-Aging-Formel. Ich bin aufgewachsen damit, dass man aufgehört hat zu sagen: »Ich bin fünfzig Jahre alt.« Plötzlich sind alle fünfzig Jahre jung. Ich bin aufgewachsen mit dem Postulat, dass das zunehmende Alter der Bevölkerung zu Kostensteigerungen im Gesundheitssystem und dass der demographische Wandel eine Bürde für unsere Sozialsysteme ist. Alles, was so im Laufe der Jahre auf mich einrieselt, hat den Subtext: »Alter stört.«

Weiter gedacht heißt das: Was in die Nähe des Todes führt, stört. Deswegen gerät das Thema oft aus dem Blick. Ich glaube, auch gerade dadurch, dass man immer die Jugendlichkeit überall betont und den Tod nicht thematisiert, führt das dazu, dass einfach ganz viele Menschen, die nicht mit einem Bezug zu Gott oder der Bibel leben, permanente Angst vorm Tod haben. Vielleicht befördert auch diese Angst vorm Tod, dass eine ganze Reihe von Männern irgendwann mit fünfzig ihre Midlife-Crisis haben, die Frau verlassen, sich einen Alfa GT oder einen Fünfer-BMW kaufen wollen und das Leben noch mal genießen wollen, bevor's »zu spät« ist.

Es ist tatsächlich so, dass die Themen Tod, Alter, Endlichkeit viele Ängste mobilisieren. Ich glaube auch, dass die Bibel und die alten religiösen Traditionen insofern ein großer Schatz sind, weil sie uns Sprache geben, um überhaupt über diese Themen zu reden. Ich mache immer wieder die Erfahrung, dass ohne diese Sprache eine große Hilflosigkeit dem Tod gegenüber da ist.

Ich vergesse nie, wie ich an der Universität in Bamberg eine Kinder-Uni-Vorlesung zum Thema »Ist Sterben wirklich so schlimm?« gehalten habe. Du und dein Bruder waren ja dabei. Der Vorlesungssaal war völlig ausgebucht, wir mussten viele Anmeldungen ablehnen, weil der Platz nicht reichte. Warum? Wahrscheinlich, weil die Eltern ihre Kinder dorthin geschickt haben, weil sie nicht wussten, was sie ihren Kindern antworten sollten bei diesem Thema. Viele Eltern waren froh, dass da ein Angebot gemacht wurde. Ich habe dann in der Vorlesung die Frage gestellt: »Wer von euch hat schon mal eine Leiche gesehen?« Da meldeten sich zwei von 150 Kindern. Nur zwei Kinder. Der eine hatte im Museum eine Moorleiche gesehen, und der andere kam aus Kasachstan, einem Land also, wo die alten Traditionen noch lebendig sind. Dort wird der Opa noch aufgebahrt und die Kinder und Enkelkinder sitzen am Totenbett. Die Leiche bleibt einfach da. Man hat dadurch Gelegenheit, Abschied zu nehmen. Das ist in unserer Lebenswelt hier in Deutschland ganz anders geworden. Ich erinnere mich zum Beispiel an die Beerdigung einer Frau, die im Hotel in einem Kurort gestorben war. Ihr Mann erzählte mir dann, dass sie in dem Hotel waren und der Manager völlig nervös wurde, weil die Leiche nicht schnell genug abtransportiert wurde. Er wollte die Leiche so schnell wie möglich weghaben, weil er den Tod als Störung des Wohlfühlklimas in seinem Hotel empfand.

Ein weiteres Beispiel: Wenn ich als Pfarrer in das Haus eines Verstorbenen gerufen wurde, war es meistens so, dass der Bestattungsunternehmer schon da gewesen und die Leiche weggebracht worden war. Nur einige Male war es so, dass ich eine Aussegnung vornehmen konnte, der Leichnam noch dalag, wir eine Kerze angezündet haben, ich ein Bibelwort gelesen habe und eine liturgische Form des Abschieds gefeiert werden konnte, die diesen Menschen in Frieden aus seinem Haus entließ. Es war in der Regel eine sehr schöne Erfahrung, *bewusst* mit dem Tod umzugehen. Und deswegen bin ich fest davon überzeugt, dass wir, wenn wir als Gesellschaft wieder eine Sprache für den Umgang mit dem Tod finden, auch den Schrecken vor dem Tod verlieren. Wir müssen den Tod nicht tabuisieren!

Wenn irgendetwas Schlimmes passiert, reagieren manche Menschen mit einer extremen Carpe-diem-Reaktion: Lebe jeden Tag, als sei es dein letzter! Das kann durchaus befreiend für die Menschen sein, es kann aber auch so ausarten, dass diese Menschen keinen Respekt mehr vor dem Leben haben. Wie ordnest du das ein?

Das kommt wirklich sehr darauf an, wie man das Motto »Carpe diem« versteht. Eines der Geheimnisse eines gelingenden Lebens ist, dass wir den Tod nicht verdrängen. Wir müssen wissen, dass tatsächlich jeder Tag der letzte sein kann. Dieses Wissen darf aber kein Damokles-

Schwert werden. Es ist schrecklich, immer aus der Angst vor dem Tod leben zu müssen. Genau das Gegenteil wäre wünschenswert, nämlich, dass wir jeden Tag in Dankbarkeit aus Gottes Hand nehmen, um es mal in religiöser Sprache zu sagen. Dadurch nehmen wir viel bewusster wahr, was wir lieben und was uns guttut.

Die Einstellung, mal richtig die Sau rauszulassen, ist, glaube ich, nicht die angemessene Reaktion auf die Endlichkeit des Lebens, denn jeder Tag kann der letzte sein, es kann aber genauso sein, dass wir sehr lange leben. Dann, wenn wir uns dessen bewusst sind, können wir auch in den kleinen Dingen etwas sehen, was unser Leben wirklich reich macht. Ich habe mir das oft im Hinblick auf euch klargemacht. Es kann sein, dass einer von euch stirbt. Dass ich erst nachdem ein Mensch nicht mehr da ist, merke, was ich an ihm gehabt habe, das wäre das Schlimmste. Ich hätte dann das Gefühl: »Hätte ich doch nur!« – »Wenn ich das gewusst hätte, dann hätte ich noch dieses oder jenes gemacht!«

Die Möglichkeit des Todes muss man sich bewusst machen. Dadurch wurde mir persönlich immer wieder klar, wie kostbar die Zeit ist, die wir haben. Als ich an meiner Habilitation gearbeitet habe und die Versuchung da war, immerzu weiterzuarbeiten, habe ich mir klargemacht, dass ich im Falle des Verlusts nie sagen wollte: »Hätte ich doch gleich die Zeit bewusst mit euch gelebt anstatt zu warten, bis ich mit der Habilitation fertig bin oder dieses oder jenes Ziel erreicht habe.« Das alles sind Gedanken, die sind in dem berühmten Bibelwort aus Psalm 90 wunderbar zum Ausdruck gebracht: »Lehre uns bedenken, dass wir sterben müssen, auf dass wir klug werden.« Das ist goldrichtig. Es ist kein Drohsatz. Überhaupt nicht. Es ist eine Einladung zum bewussten und erfüllten Leben. Warum sagen sich die Menschen die schönsten Dinge so oft erst am Grab? Das ist doch eigentlich verrückt. In den Grabreden werden so schöne Dinge über die Verstorbenen gesagt. Ich frage mich oft: »Was würde ich den Menschen da sagen?« Und meine Antwort sage ich ihnen dann lieber gleich.

Ich erinnere mich an die Zeiten, als du als Gemeindepfarrer Bereitschaftsdienst bei der Notfallseelsorge hattest. Du hast das Schild fürs Auto bekommen, die Warnweste mit Aufschrift und das Notfall-Handy. Du musstest ab und an mitten in der Nacht losfahren und dann zum Beispiel bei einem Verkehrsunfall zusammen mit den Polizeibeamten der Familie die Nachricht vom Tod überbringen. Damals war ich zu klein, um alles wirklich zu verstehen. Wie war das damals für dich? Wie ist es, wenn man wie ein Notarzt zu Hause sitzt und jeden Moment kann das Telefon klingeln und man muss jemandem sagen, dass seine Mutter, ihr Vater, sein Sohn, ihre Tochter gestorben ist?

Ich erinnere mich an all diese Situationen *ganz* genau. Ich erinnere mich genau an meine Gefühle, als ich zum Beispiel die Kinder eines Arztes, der in seiner Praxis von einem Patienten erschossen wurde, von der Schule abgeholt habe. Ich habe genau vor Augen, wie ich von Weitem eines der Kinder gesehen habe in der Unbeschwertheit vor der Nachricht. Das sehe ich genau vor mir und auch die Situation, nachdem wir ihr gesagt haben, dass ihr Vater tot ist.

Ich erinnere mich auch an eine junge Frau und ihre beiden Kinder, die sich hinter der Tür bemerkbar gemacht haben, als wir geklingelt haben, um mit der Polizei zusammen eine Todesnachricht zu überbringen. Wir wussten nicht, wer hinter der Tür ist. Wir hatten im Ausweis nur die Adresse, wir wussten aber nicht, wer die Angehörigen sind. Da kommt man schon in sehr dichte Situationen. Aber merkwürdigerweise ist es mir so gegangen, dass ich sehr genau wusste, warum ich da war. Ich wusste: Das ist jetzt genau der richtige Ort für mich. Ich habe das deswegen nicht in einer negativen Erinnerung. Ich habe das Gefühl gehabt: Ich war in keiner Situation in meiner gesamten Pfarrerszeit so am richtigen Ort wie hier. So schrecklich diese Situationen waren; sie sind nichts, was ich in meinem Leben missen möchte. Es waren einfach ungeheuer dichte menschliche Erfahrungen, bei denen mir mein Glaube tatsächlich Kraft gegeben hat.

Du hast vorhin gesagt, dass es in der Tat sprachlos macht, wenn Kinder sterben. Ich glaube, der Tod macht insgesamt sehr oft sehr sprachlos. Die wenigsten Menschen trauen es sich zu, so eine Notfallseelsorge zu machen, einfach, weil man nicht weiß, was man sagen soll. Soll man trösten? Soll man nichts sagen? Man möchte Anteil nehmen, aber nicht zu nahe treten. Und dann ist für viele Menschen, weil sie völlig überfordert sind, gefühlt die einzig mögliche Reaktion, dass sie den Angehörigen ausweichen.

Die Sensibilität dafür, dass ein Angehöriger eines Verstorbenen vielleicht einen anderen Menschen nicht empfangen oder da haben möchte, ist berechtigt. Aber gleichzeitig ist es keine Lösung, demjenigen aus dem Weg zu gehen. Es ist oft noch viel schlimmer, wenn Menschen, die einen Angehörigen verloren haben, merken, wie die Leute plötzlich die Straßenseite wechseln, um ihnen nicht direkt zu begegnen. Der wichtigste Dienst, den man Menschen tun kann, die vom Tod betroffen sind, ist einfach, ihr Leiden auszuhalten. Das bedeutet auszuhalten, dass es keine schnelle Antwort gibt. Das bedeutet auch schlicht und einfach, mitzuleiden und in Wort und Tat zum Ausdruck zu bringen, dass man bei einem Menschen ist. Wobei das Schweigen manchmal eine genauso große Stütze sein kann wie das Reden. Da müssen nicht viele Worte sein. Das kann ein Blick sein, das können ein paar wenige Worte sein, die die Trauer teilen. Es können viele kleine Gesten sein. Das ist eigentlich nie falsch.

Wann dann auch ein Wort, ein paar Sätze angemessen sind, die den Horizont öffnen, das muss man einfach erspüren. Aus meiner Sicht ist deswegen die Beerdigung oder eine liturgische Feier so kostbar und wertvoll. In dieser geprägten Form des Abschiednehmens gibt es zum Beispiel die Möglichkeit, biblische Texte zur Sprache zu bringen und das, wofür wir keine Worte finden, getrost in die Hand dieser alten Traditionen zu geben und auf die Kraft der alten Texte zu vertrauen. Deswegen ist die Hilflosigkeit, die wir mit unseren eigenen Worten manchmal verspüren, das deutlichste Zeichen dafür, dass es der alten liturgischen Formen bedarf, um mit dem Sterben eines Menschen angemessen umzugehen. Gute, kraftvolle Beerdigungen sind etwas, wofür die Menschen sehr dankbar sind. Deswegen bemühen sich die Pfarrerinnen und Pfarrer darum, genau das einem trauernden Menschen zu geben.

Oft entdecken Menschen in Extremsituationen wie Krankheit oder Tod ihren Bezug zur Kirche wieder. Das ist aus Sicht der Kirche sicher nur zu begrüßen. Gleichzeitig haben diese Menschen der Kirche oft lange Zeit die Unterstützung versagt, aber wenn es unangenehm wird, wollen sie die Hilfe der Kirche in Anspruch nehmen. Was macht man zum Beispiel, wenn Menschen aus der Kirche austreten, die Angehörigen dieser Menschen nach ihrem Tod aber eine kirchliche Bestattung wünschen? Der Tote wollte es nicht oder es war ihm oder ihr egal. Den Angehörigen kann man den kirchlichen Abschied aber ja nicht wirklich versagen.

Da muss man unterscheiden. Wenn der Verstorbene es sich ausdrücklich verbeten hat, kirchlich bestattet zu werden, dann muss man das respektieren und dann werden auch die Hinterbliebenen wahrscheinlich selbst die kirchliche Form nicht als die richtige erachten. In der Regel ist es aber nicht so. In der Regel haben die Verstorbenen es offen gehalten oder es sich sogar gewünscht, in irgendeiner Form kirchlich bestattet zu werden. Da könnte man jetzt sagen: »Wenn einer keine Kirchensteuer bezahlt hat, wenn einer nie die Lasten mitgetragen hat, dann sollte die Kirche ihn auch nicht beerdigen. Sonst könnten ja alle aus der Kirche austreten, ohne dass es Konsequenzen hat.«

Ich empfinde diese Haltung aber als hart, und sie kann sogar unbarmherzig sein, nämlich dann, wenn es um einen Angehörigen geht, der trauert, selbst Kirchenmitglied ist und viel Wert auf kirchliche Begleitung legt. Aus seelsorgerlichen Gründen kann es daher angeraten sein, dass man auch einen Menschen bestattet, der aus der Kirche ausgetreten war. Man muss natürlich jeden Einzelfall prüfen. Ich habe selbst mehrfach solche Beerdigungen aus seelsorgerlichen Gründen gehalten.

Im westlichen Kulturkreis ist es üblich, entweder in einer Urnenwand oder einem Grab bestattet zu werden. Alle Beerdigungen oder Einäscherungen finden nach Regel und Gesetz auf ausgewiesenen Friedhöfen statt. In anderen Kulturen in Afrika oder auch Amerika gibt es aber auch andere Rituale, die weniger reglementiert sind und oft auch sehr naturbezogen sind. Ich denke da zum Beispiel an Seebestattungen oder Ähnliches. In Deutschland gibt es seit einiger Zeit Initiativen für Friedwälder, also quasi natürliche Friedhöfe im Wald. Solche Formen der Beerdigung waren bisher nicht vorgesehen. Wie siehst du das aus Kirchenperspektive?

Der Grund für die anfängliche Skepsis auf kirchlicher Seite gegenüber solchen Friedwald-Projekten war, dass die persönliche Erkennbarkeit und die damit verbundene Würdigung der Person über den Tod hinaus da sehr unterschiedlich stark ist. Wenn man Asche wie bei der Seebestattung oder manchen Waldbestattungen einfach irgendwo verstreut, dann ist der Mensch im Tod völlig anonymisiert. Die persönliche Dimension der Beziehung zum Mitmenschen, aber auch der Gottesbeziehung, wird in anonymer Bestattung nicht zum Ausdruck gebracht.

Anonymisierung ist auch ein Phänomen in unserer Gesellschaft. Menschen wollen immer weniger Verpflichtungen übernehmen, zum Beispiel für die Grabpflege. Aufgrund der gestiegenen Mobilität können viele auch weniger Verantwortung für die Gräber der Angehörigen übernehmen. Bedeutender ist aber in der Tat die gesellschaftliche Tendenz, weniger Verpflichtungen gegenüber den Mitmenschen einzugehen. Das kann man durchaus mit Sorge sehen. Wenn sich das in der Bestattungskultur ebenso äußert wie im zwischenmenschlichen Umgang, dann ist jedenfalls Vorsicht angebracht. Das ist der Hintergrund für die anfängliche Skepsis.

Inzwischen gibt es aber auch Projekte von kirchlicher Seite, einen christlichen Friedwald am Schwanberg in Franken zum Beispiel, der ausdrücklich von der Kirche gewollt ist. Diese Projekte versuchen, den Gedanken, in der Natur begraben zu sein, mit dem persönlichen Gedächtnis zu verbinden. Das geht zum Beispiel dadurch, dass man sichergeht, dass Namensschilder an den letzten Ruhestätten angebracht werden, oder auch dadurch, dass christliche Symbole, die die Auferstehungshoffnung zum Ausdruck bringen, einen Ort im Friedwald haben. Das alles wird jetzt nach und nach als neues Angebot entwickelt. Eine Zeit lang wurden Friedwälder eher als Alternative zum christlichen Friedhof verstanden. Sie hatten einen Charakter, der ausdrücklich ohne christliche Symbole entwickelt werden sollte. Das finde ich natürlich nicht gut. Der Grabstein, das Kreuz und andere Symbole sind ein wichtiges Element unserer Bestattungskultur, weil sie die christliche Überzeugung von einem Leben nach dem Tod auch äußerlich sichtbar zum Ausdruck bringen. Das möchte ich nicht verlieren. Aber ich glaube, es lässt sich verbinden mit dem Friedwald-Gedanken. Deswegen bin ich kein Gegner dieser neuen Formen der Bestattung.

Wie sieht dieses Leben nach dem Tod aus? Was verstehst du unter »Auferstehungshoffnung«? Es ist ja jetzt nicht so, dass du glaubst, dass wir alle fix wieder aufstehen, wenn wir gestorben sind ...

Wenn man seine Vernunft nicht an der Garderobe abgibt, sondern auch für dieses Thema gebraucht, ist es eben nicht so, dass man sagen muss: »So was wie Auferstehung kann's nicht geben.« Darüber haben wir schon gesprochen. Die

Vernunft lässt den Raum definitiv offen dafür, dass es so etwas wie ein Leben nach dem Tod geben könnte. Wir Menschen sind eben auch Menschen und können nie hinter den Vorhang schauen, um zu verstehen, was außerhalb unseres Verstehenshorizonts liegt. Die Möglichkeit gibt es also.

Und der christliche Glaube sagt jetzt: Wir *vertrauen* darauf. Wir können es nicht beweisen, aber wir vertrauen darauf, dass die Bilder über ein Leben nach dem Tod, die in der Bibel gebraucht werden, tatsächlich den Horizont unseres Lebens bilden. Für mich ist das eindrucksvollste Bild in der Bibel für das, was Auferstehung bedeuten kann, im 1. Korintherbrief im 15. Kapitel aufgeschrieben. Da spricht Paulus genau davon, worüber wir gerade sprechen: Wie kann es sein, dass ein Mensch begraben wird, aber dann angeblich auch auferstehen soll? Wann kann er eigentlich auferstehen?

Es geht um die Frage, die das Kind den Eltern am Grab vom Opa stellt: »Die haben doch den Opa gerade in die Erde gelegt, wie kannst du behaupten, dass er jetzt im Himmel ist?« Diese einfache Frage braucht eine Antwort. Und ich finde, Paulus gibt eine gute Antwort. Er benutzt ein Bild aus der Natur. Er sagt: Ein Samenkorn muss sterben, bevor neues Leben daraus wachsen kann. Das neue Leben sieht anders aus als das alte Leben im Samenkorn. Deswegen dürfen wir uns leibliche Auferstehung nicht so vorstellen, dass ein halb von Würmern zerfressener Körper aus dem Grab kommt wie im *Thriller*-Video von Michael Jackson. Das wäre ein völliges Missverständnis von leiblicher Auferstehung.

Paulus sagt, dass wir sterben mit einem verweslichen Leib, aber auferstehen mit einem unverweslichen Leib. Der Leib nach dem Tod ist ein anderer als vor dem Tod.

Wir sprechen aber trotzdem von der *leiblichen* Auferstehung, weil es nicht nur irgendeine Idee von einer Seele ist, die da aufersteht, sondern es ist unsere Identität, die bleibt und in Gottes Hand im ewigen Leben liegt! Und zur Identität gehört unser Leib, unser Leben, gehört unsere Person. *Das* wird auferstehen in die neue Welt, nicht die fleischliche Hülle, wie wir sie jetzt kennen. Insofern sagt Paulus: Es ist *anders*, wie wir auferstehen. Und natürlich kann sich's kein Mensch vorstellen. All unsere Versuche, uns diese Auferstehung begreifbar zu machen, können immer nur Bilder sein. Und trotzdem glauben wir Christen daran. Paulus macht diesen Glauben mit dem Bild des Samenkorns auch sehr plausibel.

Ein noch stärkeres Bild ist vielleicht der Schmetterling.

Stimmt. Der Schmetterling ist ein wunderbares, schönes Tier, das aus einem völlig tot scheinenden Kokon urplötzlich auftaucht wie der Phönix aus der Asche. Das alles sind Naturbilder, die etwas zum Ausdruck bringen wollen, was man nie endgültig erklären kann. Diese Bilder sind Hinweise auf dem Weg zur Erkenntnis. So könnte man sie vielleicht beschreiben.

Du sagst, die Auferstehung sei eine leibliche Auferstehung, aber keine fleischliche. Was passiert denn dann nach dem Tod mit dem Körper? Ist das einfach eine leere Hülle, die man ohne Wert zurücklässt? Das widerspricht doch dem, was wir im Bezug auf persönliche Grabstätten und den Wert der letzten Ruhestätte besprochen haben! Wenn das eh nur eine Hülle ist, dann kann man sie doch auch liegen lassen, wie die Schlange ihre Haut beim Häuten.

Erde zu Erde, Asche zu Asche, Staub zu Staub. So sagen wir es in der Beerdigungsliturgie. Es ist ganz klar: Der Körper wird zur Erde. Der Körper verwest. Insofern kann ich persönlich kein Problem darin sehen, wenn Menschen feuerbestattet werden. Der Körper, der im Feuer verzehrt wird, der ist früher oder später sowieso verwest. Es ist also überhaupt nicht die Grundlage für Auferstehung, ob der Körper in irgendeiner Weise intakt geblieben ist. Die Auferstehung ist ein anderer Leib, ein *neuer* Leib. Deswegen ist die Frage, wann im Sarg noch ein Gerippe liegt, völlig irrelevant für die Frage, wann oder wie jemand aufersteht.

Trotzdem soll er beerdigt werden.

Die Beerdigung ist der Ausdruck des Respekts vor der Persönlichkeit eines Menschen, wie wir ihn oder sie erlebt haben. Der tote Körper trägt die Würde des Menschen, der noch gelebt hat. Deswegen ist es schon richtig, dass wir aus Achtung vor dem Menschen, den wir im Leben kennen gelernt haben, auch seinen Körper mit Würde behandeln. Du würdest das Lieblingskleid deiner Freundin nicht als Putzlappen benutzen, weil du die Geschichte mit dem Kleid und natürlich ganz besonders mit dem Menschen, der das Kleid getragen hat, nicht streichen kannst. Du kannst deine Geschichte mit dem lebenden Menschen nicht einfach abschneiden von der äußerlichen Erscheinung dieses Menschen; auch im Tod nicht. Deswegen ist es richtig, dass wir den Körper eines toten Menschen nicht einfach wie eine Sache behandeln.

Die meisten Kinder stellen sich das Leben nach dem Tod als Himmel oder Hölle vor. Was ist das Jüngste Gericht eigentlich? Im Matthäusevangelium ist die Rede vom »Weltgericht«. Die Geschichte dort handelt von einer ziemlich brutalen Aufteilung auf Himmel und Hölle. Das kann man als sehr unbarmherzig und damit zur eigentlichen christlichen Idee im Widerspruch stehend kritisieren. Gleichzeitig funktioniert es als »positives« Druckmittel, weil es dazu führt, dass jeder das Gefühl hat, sich am Ende vor Gott verantworten zu müssen. Was man im Leben tut, spielt eine Rolle. Man kann nicht einfach tun, was man will. Aber hart ist das schon ...

Es gibt an einigen Stellen in der Bibel solche Gerichtstexte, die eine bestimmte Konsequenz für schlechtes Verhalten beschreiben, die sich später in der Tradition zum Bild von der »Hölle« entwickelt hat. Ich stelle mir die biblischen Bilder wie Warnschilder vor. Ob wirklich passiert, wovon da gesprochen wird, dürfen wir getrost offen lassen.

Die entscheidende Frage ist: Was wollen diese Texte uns sagen? Welche Handlungsorientierung ist damit verbunden? Ich stelle mir das vor wie das Verkehrszeichen, auf dem ein schleuderndes Auto abgebildet ist. Das sieht man überall auf den Landstraßen. Es heißt: Vorsicht, Schleudergefahr! Und auf dem Schild ist das schleudernde Auto abgebildet. Man kann sich genau vorstellen, wie dieses Auto direkt an den nächsten Baum fährt. Niemand stellt aber ein solches Schild auf, *damit* dieses Auto direkt an den nächsten Baum fährt. Dieses Schild wird aufgebaut, um die Menschen zur Vorsicht und zum verantwortungsvollen Fahren anzuhalten. Der Zweck ist ja gerade, dass sie nicht an den Baum fahren.

Deswegen ist es völlig falsch, wenn fundamentalistische Gruppen nichts mit mehr Genuss tun, als die ewige Verdammnis anderer Menschen an die Wand zu malen. Es sind ja in der Regel immer die *anderen,* denen die ewige Verdammnis prophezeit wird. Das ist, glaube ich, eine völlig unbiblische Art, an die Sache heranzugehen.

Wenn man es ernst nimmt, dass Gott der Schöpfer ist, der seine Welt und seine Geschöpfe liebt, dass Christus auch bei den moralisch Ausgestoßenen war und nach 2. Korinther 5 *die ganze Welt* mit Gott versöhnt hat, dann kann man diese Gewissheit und manchmal sogar Lust, mit der die ewige Verdammnis gepredigt wird, nicht akzeptieren.

Ich glaube, die Interpretation als Warnschilder ist eine viel angemessenere. Ich glaube, dass es Gott darum geht, jeden Menschen zum Reich Gottes und zum ewigen Leben zu führen. Ich glaube aber trotzdem, dass es richtig ist, vom Gericht zu reden. Dass wir aufhören, vom Gericht zu reden und wir nichts wirklich davon wissen wollen, hielte ich für einen Schaden. Gott ist kein Kuschelgott oder ein harmloser Gott. Der christliche Gott ist ein Gott, der auf Gerechtigkeit achtet! Deswegen sagt er zu uns: Es *kommt* drauf an, wie du lebst. Es ist von hoher Relevanz mit massiven Konsequenzen, wie du lebst. Diese Botschaft müssen wir Menschen hören.

Die Frage, was passiert, wenn wir es nicht schaffen, so zu leben, wie Gott sich es in seiner Schöpfung gedacht hat, ist aber eine andere. Ich stelle mir das Gericht am Ende der Tage so vor: Das Entscheidende ist, dass wir die Wahrheit über unser eigenes Leben erfahren. Uns wird sozusagen die Decke von den Augen gezogen, wenn wir im Gericht sind. Es wird so sein, dass wir unser Leben vor uns sehen und all die Punkte, wo wir anderen Menschen wehgetan haben, wo wir Unrecht getan haben, wo wir gedankenlos waren, wo wir vielleicht sogar anderen Menschen den Tod gebracht haben, all diese Momente werden wir in schonungsloser Klarheit erkennen. Und wir werden uns schämen.

Diese unglaubliche Scham, die wir erfahren, wenn wir merken, was wir getan haben, diese Scham wird sein wie die Hölle. Und deswegen wird am Ende der Zeit allein die Wahrheit triumphieren. All diejenigen, denen Unrecht widerfahren ist, werden ins Recht gesetzt und erfahren ihre gerechte Genugtuung.

Aber mit dieser Erfahrung ist keinesfalls automatisch verbunden, dass Menschen, die Unrecht getan haben, in der ewigen Verdammnis bleiben. Da, wo diese Scham und damit die Anerkenntnis der Wahrheit deutlich wird, da öffnet sich die Tür ins Reich Gottes, denn dann sind die Opfer rehabilitiert. Darauf kommt es an: Die Opfer müssen zu ihrem Recht kommen. Der christliche Gott ist ein Gott der Barmherzigkeit. Aber zur Barmherzigkeit gehört auch die Wahrheit.

Wenn ich die Reformation richtig verstehe, ist die Frage nach der Verdammnis eines ihrer Kernthemen gewesen. Die Kirche hat sich durch Ablassbriefe als eine Art kommerzieller Vermittler des Heils in die Gottesbeziehung der Menschen eingemischt. Jeder Deutsche, ob Katholik oder Protestant, sieht ein, dass der Handel mit dem Heil ein Spiel mit dem Feuer war und zu Recht kritisiert wurde. Gleichzeitig hatte die Vorstellung, dass man mit dem Kauf von einem Ablassbrief und ein paar Gebeten seine Seele aus der Hölle rauskaufen kann, etwas ungemein Entlastendes. Es war einfacher, mit sich als Sünder klarzukommen. Es entlastet, wenn jemand bei Gott ein gutes Wort einlegt: Man ging zur Beichte, kaufte einen Ablass, sprach ein paar Gebete und konnte dann auch wieder beruhigt sein. Die Reformation hat dann, bei allen guten Intentionen und Ideen, dazu geführt, dass der Klerus als Vermittler weggefallen ist und damit dem Einzelnen eine riesengroße Bürde in der Verantwortung vor Gott auferlegt hat. Heilstechnisch ist im Protestantismus jeder auf sich allein gestellt.

Das ist eine interessante Beschreibung des Problems. Allerdings zeigt die Beschreibung nur, wie entscheidend der Glaube ist. Die buchhalterische Abrechnung der Sünden bleibt immer an der Oberfläche. Wenn ich bestimmte Dinge falsch gemacht habe, dann zur Beichte gehe und mir gesagt wird, dass ich durch die und die Tat oder das und das Gebet das wiedergutmachen kann, dann wird das Problem nie an der Wurzel angegangen. Ich verhalte mich das nächste Mal dann vielleicht wieder so, weil ich das ja dann wieder durch die und die Tat oder das und das Gebet abgelten kann.

Die Rechtfertigungslehre, die für Martin Luther so entscheidend war, geht da anders ran. Sie sagt: Der Mensch bleibt immer Sünder, aber er wird immer wieder neu gerechtfertigt. Das heißt, dass der Mensch seine Sünde erkennt, sich trotz der Sünde von Gott angenommen weiß und sich dann verändert. So kann der Sünder immer wieder erneuert ins Leben gehen. Das Entscheidende ist jetzt, dass ich das wirklich glaube; also die Frömmigkeit. Es ist entscheidend, dass ich wirklich in mein Herz lasse, dass ich in Christus mit Gott versöhnt bin, wie der 2. Korintherbrief sagt. Dann werde ich frei von dem Ballast, den ich mir durch mein Handeln aufgeladen habe. Genau das muss ich wirklich in der Seele spüren, erst dann habe ich wahren Frieden.

Das Problem, das du zu Recht schilderst, ist nur dann da, wenn ich das nicht wirklich glaube und den ganzen moralischen Ballast auf mir selber behalte. Wenn ich nicht spüren will, dass Christus für *mich* die Sünden auf sich genommen hat, dann habe ich in der Tat dieses Problem. Wenn ich die ganze existenzielle moralische Last auf meinen Schultern habe, kann ich mich auch nicht frei fühlen. Das ist ein Frömmigkeitsproblem. Plakativ gesagt: Da hilft nur beten und sich ganz einzulassen auf die Botschaft, dass Christus mich frei gemacht hat.

In Klammern: Bildung braucht's dazu doch auch. Es braucht ja durchaus eine ordentliche kognitive Leistung, um die Rechtfertigungslehre, das christliche Freiheitsverständnis, die Rede vom Jüngsten Gericht und Ähnlichem zu verstehen. Wie diese Diskussion zeigt: Es ist gar nicht so leicht, sich seine Freiheit zu erdenken.

Ich würde auch sagen, dass Bildung eine wesentliche Komponente von Glauben ist, deswegen hat die Reformation zu vielen Bildungseinrichtungen geführt und deswegen hat es auch vor der Reformation immer schon Schulen und Universitäten in kirchlicher Trägerschaft gegeben.

Aber ich glaube nicht, dass du einen bestimmten Schulabschluss haben musst, um die Freiheit in Christus zu verstehen. Das geht auch, wenn du in der Kirche von einer guten Predigt gesagt bekommst: Jesus hat deinen ganzen Mist auf sich genommen! Du bist Gottes gutes Geschöpf! Du darfst einfach nur leben! Du musst nicht mehr darum kämpfen, angenommen und geliebt zu sein. Du bist es schon!

Das kann man auch so sagen, dass jeder Mensch es verstehen kann und man nicht ein theoretisches Konzept und ein halbes Theologie-Studium braucht. Wir müssen die tiefe Annahme anderer Menschen, so wie Gott uns auch annimmt, ausstrahlen. Und dann versteht auch die Seele, dass wir nicht unser Punktekonto vor Gott auffüllen müssen, um geliebt zu sein.

Mit über fünfzig bist du heute sehr wahrscheinlich altersmäßig über den Scheitelpunkt des Lebens hinaus. Wie lebt's sich so in der zweiten Hälfte des Lebens? Denkst du da schon an den Tod?

Es lebt sich wunderbar. Insbesondere lebt's sich gut, wenn man die Zeit, die man hat, bewusst leben darf, weil man weiß, dass jeder Tag aus Gottes Hand kommt. Ich weiß nicht, ob sich's bewähren wird, wenn ich im Sterben liege, aber ich habe das Gefühl, jetzt schon mit so viel gesegnet zu sein, dass es in drei Leben reinpassen würde und ich am Ende für jedes der drei Leben danke sagen könnte und im Frieden ins Leben bei Gott gehen könnte. Das Gefühl habe ich schon jetzt. Wer weiß, was noch alles vor mir liegt. Insofern kann ich nur dankbar blicken auf das Leben, das ich jetzt habe, und hoffe, es mit diesem Gefühl auch wieder aus der Hand geben zu können.

Die für mich natürlich wichtigste Frage zum Thema Tod: Hast du dein Testament schon geschrieben?

[Lacht] Ihr kriegt alles!

8. Spiritualität

JONAS BEDFORD-STROHM

Fernöstliche Religionen und allgemeine, lose Formen der Spiritualität kommen immer mehr in Mode. Gerade unter Jugendlichen geht der Trend, finde ich, nicht zum totalen Atheismus, sondern dazu, dass man sich nicht binden möchte an eine Religion und eine Art universale Spiritualität pflegt. Solch eine Spiritualität ist ja durchaus ein Kontrastprogramm zum Christentum. Sind diese meditationsähnlichen Praktiken für dich echte Spiritualität?

HEINRICH BEDFORD-STROHM

Ich finde deine Diagnose interessant, dass die Formen von Spiritualität, die du ansprichst, Ausdruck eines Zögerns seien, sich zu binden. Da ist, glaube ich, wirklich was dran. Für mich ist eine der wesentlichen Faszinationen des christlichen Glaubens, dass ich Befreiung gerade durch die Bindung erfahre. Das Phänomen, dass Menschen keine Lust haben, sich an die christliche Tradition zu binden, hat sicher auch mit all den Unzulänglichkeiten der Kirche heute zu tun, mit dem Unrecht, das in der Geschichte durch das Christentum verübt wurde. Da ist die Meditation für Menschen ein von diesen Dingen sozusagen unbelasteter Neuansatz.

Ich frage mich nur, ob dieser Weg wirklich in die Freiheit führt. Aber das muss jeder und jede selbst für sich beantworten. Mir persönlich geben die Texte der Bibel und der Gott, den ich darin erfahre, Freiheit und inneren

Frieden; und das so, dass die eigene Freiheit nicht auf Kosten der anderen geht. Ganz im Gegenteil, gerade aus meiner Freiheit und meinem Frieden kann ich mit dem christlichen Glauben hinausgehen in die Welt und den – wie Luther es formuliert hat – freien, dankbaren Dienst am Nächsten tun. Das ist, was mit der »Freiheit eines Christenmenschen« gemeint ist.

Das muss aber ja kein Widerspruch zu einer allgemeinen meditativen Spiritualität sein.

Mir geht's auch nicht darum, andere Zugänge abzuwerten, um dadurch das Christentum zu profilieren. Schon allein deswegen nicht, weil Meditation sich ja oft mit christlichen Inhalten verbindet. Ich versuche nur zu erklären, was für *mich* das Tragfähige am Christentum ist. Das hat mit vielem zu tun, was wir schon besprochen haben. Dass sich aus christlichem Verständnis Gott in dem Gekreuzigten gezeigt hat, bedeutet einen ganz spezifischen Zugang zum Mitmenschen. Das heißt nämlich, dass gerade der Schwache, der Unansehnliche, der Leidende derjenige ist, in dem sich Gott gezeigt hat. »Was ihr dem Geringsten meiner Brüdern und Schwestern getan habt, das habt ihr mir getan«, sagt Christus.

Du sagst in Bezug auf interreligiösen Dialog, dass man offen und lernfähig bleiben muss, damit Dialog gelingt. Kann das Christentum auch von dieser unspezifischen Religiosität etwas lernen? Gibt es in diesen Formen von Spiritualität etwas, was der Kirche fehlt, etwas, wo sie Defizite aufweist?

Ich denke schon, dass wir von manchen Ausdrucksformen der Spiritualität in anderen Religionen lernen können. Das ist jeweils ganz unterschiedlich. Von der indianischen Spiritualität können wir zum Beispiel auf einen ganz bestimmten Zugang zur außermenschlichen Natur hingewiesen werden, der dazu einlädt, gerade in der Natur Gottes Wirken zu entdecken. Es ist etwas zutiefst Biblisches und damit Christliches, dass Gott in der Natur wirkt. Die Christen hatten es aber lange vergessen. Da kann eine Erinnerung durch die indianische Spiritualität nicht schaden.

Oder: Der Zen-Buddhismus kann uns helfen, die Tiefen unserer Seele zu erkunden und manches loszulassen, an dem wir hängen. Auch das haben wir in der Kirche vergessen, obwohl es im Christentum tief verwurzelt ist. Die Unabhängigkeit von materiellen Gütern ist zutiefst christlich. Insofern bieten andere Religionen also tatsächlich an bestimmten Punkten Hinweise, die uns bestimmte Aspekte unserer eigenen Tradition erst wieder in aller Deutlichkeit vor Augen führen.

Aber noch mal: Es gibt klare Unterschiede, bei denen ich wirklich anderen Zugängen widerspreche. Gott zeigt sich nicht in den Starken, in den Mächtigen, er zeigt sich auch nicht in einer Weltlosigkeit, die sich außerhalb von Leib und Körper abspielt, sondern Gott zeigt sich im Mitmenschen, in der Welt! Das ist nicht in allen Religionen so. Deswegen gibt es Unterschiede, und darüber muss man reden. Aber jetzt sind wir schon wieder beim interreligiösen Dialog.

Die deutsche Form, Religion zu praktizieren, ist sehr von der Aufklärung geprägt und einem durchaus typisch deutschen kritischen Denken. Spiritualität und Frömmigkeit wird bei Muslimen viel stärker betont und gelebt. Ist es vielleicht gerade dieses Mystische im Islam, die Sufi-Traditionen etwa, was den kritisch-aufgeklärten Deutschen unheimlich ist?

Es kann schon sein, dass in bestimmten deutschen Milieus einseitig das kritische Vernunftdenken betont wird. Aber ich glaube nicht, dass das generell gilt. Man muss sehr vorsichtig sein. Man kann das Mystische nicht gegen die Vernunft ausspielen. Es lässt sich sehr gut vereinbaren mit einem kritischen Vernunftzugang, dass wir auch bestimmte Seiten des menschlichen Lebens wahrnehmen, die eben nicht allein durch die Vernunft abgedeckt sind. Da sind zum Beispiel Sehnsüchte nach dem tiefen Gefühl der Verbundenheit mit etwas außerhalb von uns selbst. Das kann die Vernunft nicht bieten, die Religion aber schon. Die mystischen Traditionen im Islam, aber vor allem auch unsere eigenen mystischen Traditionen, die es im Christentum en masse gibt, gehören zu einem *wahrhaft* aufgeklärten Denken. Mystik definiert sich ja gerade dadurch, dass sie nicht allein mit Vernunft zu erfassen ist. Eine Vernunft, die wirklich aufgeklärt ist, weiß auch ganz genau, dass sie nicht alles erfassen kann.

Da klingt das Thema Rationalität contra Spiritualität raus. Als Professor muss man rational sein, du würdest dich also wahrscheinlich auch als rationalen Menschen bezeichnen. Wie sieht deine persönliche Spiritualität aus?

Der Mensch besteht aus Gefühl *und* Denken, aus Herz *und* Verstand. Beides ist Teil des menschlichen Lebens und beides muss aufeinander bezogen werden. Für mich heißt das, dass ich mich immer wieder kritisch hinterfrage in meinen religiösen Gefühlen und immer wieder nachfrage: Gehe ich da irgendeiner Einbildung auf den Leim? Oder kann ich wirklich mit bewusstem Sinn und Geist und vollem Herzen die Dinge sagen, die ich als glaubender Mensch sage?

Gleichzeitig bleibe ich nicht in dieser kritischen Distanz. Ich mache diese Distanz nicht zum Prinzip, sondern lasse mich ganz bewusst auf die bestimmte Tradition des christlichen Glaubens ein und begebe mich sozusagen in die Innenperspektive des Glaubens. Ich bewege mich in dem Glauben, statt nur die ganze Zeit von außen draufzuschauen und kritische Kommentare abzugeben. Wenn ich in dieser Innenperspektive bin, dann lasse ich die biblischen Geschichten in mein Herz hinein und kann mit dem Gott, der mir in diesen Geschichten begegnet, ins Gespräch kommen. Und dieses Gespräch mit Gott nennt man das Gebet. Das geht natürlich tief in die Seele.

Das Gebet betrifft meine Gefühle, meine Sehnsüchte, meine Traurigkeit, meine Klage. Für all das bekomme ich Sprache durch das Gebet und die Vorbilder des Gebets, die ich in der Bibel kennen lerne. Es ist eine ungeheure Bereicherung, dass wir durch religiöse Traditionen Sprache bekommen für etwas, was in uns definitiv da ist. Klagegefühle oder Angst oder Verzweiflung oder auch Glück sind ja etwas, was wir empfinden. Und all diese Gefühle im Gebet in einen größeren Horizont zu stellen, das ist wunderbar.

Für viele ist Beten aus der Mode gekommen. Es wird manchmal als altmodische Eigenart empfunden. Wozu braucht man heute Spiritualität? Was ist zum Beispiel der Zweck vom Beten?

Was deine empirische Analyse zum Beten betrifft: Ich bin mir nicht so sicher, ob die wirklich zutrifft. Es gibt das Phänomen der religiösen Scham. Menschen reden über ihre religiösen Gefühle, auch über ihr Beten, weniger leicht als zum Beispiel über Sexualität. Normalerweise verbindet man das Wort Scham ja mit etwas Sexuellem. Aber man hat in Untersuchungen beobachten können, dass bei religiösen Fragen diese Scham oft noch viel ausgeprägter ist. Diese Tendenz machen Erfahrungen aus dem Traugespräch beim Pfarrer anschaulich. Angesprochen auf ihre persönliche Spiritualität, gestehen sich manche Partner erst in diesem Traugespräch gegenüber dem anderen ein, dass sie überhaupt beten. Über Sex haben sie schon oft geredet, und nicht nur geredet. Übers Beten aber noch nie. Das ist schon bemerkenswert. Deswegen bin ich immer ein bisschen skeptisch, wenn man die Frage, ob Menschen beten, nur danach beurteilt, ob sie das auch offen zum Ausdruck bringen.

Du hast mich aber ja vor allem nach dem Sinn des Betens gefragt. Ich glaube, dieser Sinn ist sehr leicht erfahrbar, wenn man sich aufs Beten einlässt. Ich bringe beim Beten meine Seele ins Gespräch mit Gott, ins Gespräch mit etwas, was außerhalb von mir selbst liegt. Ich mache beim Beten die Erfahrung, dass ich vor einer Kraft, der ich vorbehaltlos vertrauen kann, vor der ich keine Angst haben muss, der ich alles sagen kann, mein Herz ausbreiten kann. Diese Kraft, diese Instanz ist Gott. Ich kann diesem Gott alles sagen und gleichzeitig hören, was ich vielleicht gesagt bekomme.

Muss ein Gebet laut ausgesprochen sein, damit es gehört wird?

Nein. Ich selber bete häufig im Stillen. Ich sinne über eine Frage nach und frage dann aus mir selbst heraus und versuche zu spüren, was mir geantwortet wird. Das verändert mich auch. Das Gleiche kann aber natürlich auch laut passieren. Wenn ich in der Kirche zum Beispiel mit anderen zusammen bete oder ein Liturg laut betet und ich bete mit, dann kann ich ähnliche Erfahrungen machen. Es gibt keine standardisierte Form des Betens, und manchmal kann das Beten auch ein ganz diffuses Hören oder Nachdenken mit Einschluss einer Außenperspektive sein, sodass es eine eindeutige Definition des Gebets so nicht gibt. Aber man kann sicher sagen: Gebet heißt in Kontakt treten mit etwas, was außerhalb von mir selbst liegt. Wir Christen haben für diese Instanz, die außerhalb von uns selbst liegt, einen Namen, nämlich Gott.

Beten ist schwierig. Mal weiß ich nicht, was ich sagen soll, mal komme ich mir komisch vor. Und wie ich mir meinen Gesprächspartner, also Gott, vorstellen soll, weiß man schon gar nicht. Da muss manchmal sogar Morgan Freeman im weißen Anzug aus dem Film »Bruce Allmächtig« herhalten, oder ich stelle mir ein großes Licht hinter der Wolke vor oder konstruiere sonst irgendetwas. Wirklich sicher beim Beten sind wahrscheinlich die wenigsten Menschen. Der Rest kämpft mit bettechnischer Schüchternheit ...

Beten will in der Tat gelernt sein. Ein wunderbares Erfahrungsmaterial fürs Beten sind die Psalmen. Die Psalmen sind ja lauter Gebete von Menschen in den unterschiedlichsten Situationen. Verzweiflung, Bedrängnis, Traurigkeit, aber auch Fröhlichkeit, Gotteslob, Freude an der Schöpfung: All das bringen die Menschen vor Gott. Und das alles in einer Form, die anerkennt, dass dieses Gegenüber uns geschaffen hat. Die Psalmen als Gebetsform des Alten Testaments können unseren eigenen Gebeten im Hier und Jetzt Sprache geben.

Beten ist nicht nur einfach loszuwerden, was man so auf der Seele hat. Das ist nur eine Dimension des Betens. Beten hat ein klares Gegenüber. Das Gegenüber ist nicht irgendeine diffuse Kraft, sondern es ist der Gott, der sich in den Geschichten des Alten und Neuen Testaments zeigt.

Insofern kann man sagen: Wer sich auf die Geschichten der Bibel einlässt, der lernt Gott kennen. Und zu einem Gott, den ich kenne, kann ich ganz anders beten als zu einer dunklen, unbekannten Kraft.

Die Bibel ist also eine Art Trainingscenter fürs Beten ...

Ja, in der Tat. Und wenn ich mal gar nicht weiß, was ich beten soll, kann ich das *Vater Unser* beten.

Ich hab für dieses Kapitel in meinem Freundeskreis herumgefragt, was Spiritualität für sie bedeutet und ob sie sich selbst als spirituell bezeichnen würden. Bei manchen war die religiöse Scham, von der du gesprochen hast, deutlich zu spüren. Auch selbstbewusste, redegewandte Menschen kommen bei diesem Thema plötzlich ins Eiern. Manche wollen gar nicht darüber reden und blocken ab. Manche wollen reden, wissen aber nicht, was sie sagen sollen. Manche sind offen, aber religiös unmusikalisch.

Einer meiner Freunde hat geantwortet, dass er durchaus eine spirituelle Ader habe. Er studiert Lehramt und musste im Rahmen des Studiums Soziologie belegen und hat dafür die

Religionssoziologie gewählt. Er hat mir erzählt, dass er sich einmal getraut habe, von seinem Interesse an Religion und Spiritualität zu reden, und er dann aber sehr skeptische, distanzierte oder sogar abwertende Blicke zur Antwort bekommen habe. Spiritualität ist nicht nur mit religiöser Scham, sondern auch mit negativem Gruppendruck konfrontiert. Wenn man beim Fußballspiel zu einem Fußballgott betet, dann hat man sicher keine Probleme, das Wort Gebet in den Mund zu nehmen. Aber wenn's ernst wird, fehlt oft der Mut. Woran liegt das?

Es könnte daran liegen, dass die Menschen denken: Wer Gott braucht, ist irgendwie schwach oder hat Probleme. Das Lebensgefühl ist ja meist eher so geprägt: »Mir geht's gut, bei mir ist doch alles in Ordnung. Gott brauchen nur Leute, die mit sich selber nicht zurechtkommen.« Wobei ich mich auch bei solchen Aussagen frage, ob da nicht doch mehr hinter der Fassade steckt. Da bräuchte man im konkreten Fall aber auch einen Ansatzpunkt, um ins Gespräch zu kommen. Ich würde solche Menschen fragen, wie sie mit den Erfahrungen von Leid, die sie selbst schon gemacht oder in der Umgebung mitbekommen haben, umgehen. Verzweiflung in der Familie. Erfahrungen von Tod. Probleme im Freundeskreis. Für Jugendliche ist es nicht einfach, auch Schwäche zuzugeben und über Ängste oder Ohnmacht zu reden. Vor allem für Jungen. Es gehört aus meiner Sicht zu einem normalen Reifungsprozess, dass man irgendwann wagt, auch über so was zu reden.

Im Einzelfall kommt es oft darauf an, wie offensiv man das Thema anspricht. Es gibt sicher ein eher aufdringliches Bekenntnis zum Glauben, das auf Jugendliche – und nicht nur auf sie – abschreckend wirken kann. Aber ich glaube schon, dass man auch jugendlichen Freunden gegenüber zum Ausdruck bringen kann, dass man sich für religiöse Fragen interessiert. Man muss dann halt ins Gespräch darüber kommen, warum das so ist und was genau man daran interessant findet. Und dann ist es eigentlich spannend, zumindest, wenn man die Möglichkeit zu einem *echten* Gespräch hat und keinen schnoddrigen Smalltalk führt.

Wenn man sich nicht einschüchtern lässt von blöden Bemerkungen und sich auch nicht in eine reine Opferrolle manövrieren lässt, sondern kritische Ansätze aushalten kann, weil man in sich ruht und weiß, woher man kommt, dann können aus solchen Situationen auch interessante Gespräche erwachsen. Viele Menschen haben im Laufe ihres Lebens Erfahrungen gemacht, die sie solche oberflächlichen Anti-Kommentare weniger leicht von sich geben lassen.

Es gibt kaum einen Bereich des Lebens, der so vielfältig ist wie die Spiritualität. Sogar innerhalb der organisierten christlichen Kirchen. Kaum jemand kennt sich noch besonders gut mit der Verschiedenheit der Konfessionen im Christentum aus. Man kennt die Katholiken und die Lutheraner. Aber es gibt ja auch Reformierte, Unierte, Freikirchler. Alle diese Strömungen haben völlig unterschiedliche Formen von Spiritualität. Die Katholiken haben Weihrauch, Beichte, Rosenkranzbeten und Ähnliches. Die Freikirchen haben oft eine sehr emotionale Gottesbeziehung und eine fast ekstatische Spiritualität und praktizieren die auch in sehr extrovertierter Art und Weise. Die Reformierten hingegen haben eine sehr nüchterne Spiritualität. Insofern sind sie das andere Extrem zum Katholizismus oder den Freikirchen. Die Lutheraner, zu denen

du gehörst, sind da irgendwie zwischendrin. Ist die Beobachtung richtig, was die Form der religiösen Praxis angeht?

Diese Beobachtung ist sicher richtig. Die Frage ist, wie geht man damit um? Aus meiner Sicht sind die unterschiedlichen Traditionen mit ihren unterschiedlichen Mentalitäten potenziell eine Bereicherung, wenn man nicht das eine über das andere stellt und behauptet: Nur ich hab Recht, und alle anderen praktizieren minderwertige Formen. Da gilt es zu verstehen, was in anderen Konfessionen an Reichtum für meine eigene religiöse Praxis, für mein Lesen der Bibel, steckt. Es wird nur dann problematisch, wenn die verschiedenen Konfessionen sich als Gegner sehen oder sich gegenseitig absprechen, die christliche Tradition authentisch wiederzugeben. Ich glaube aber auch, dass es ein Problem ist, wenn die Menschen die Verschiedenheit dieser Traditionen gar nicht mehr kennen. Wenn manche gar nicht merken, dass es Unterschiede gibt, und deswegen nicht verstehen, warum jemand sich über bestimmte Dinge streiten kann, dann ist das kein Fortschritt. Ich begrüße, wenn Menschen die Unterschiede nicht mehr als so trennend verstehen wie früher. Wenn das aber aus blanker Unwissenheit passiert, habe ich damit ein Problem. Deswegen bin ich überzeugt, dass es zu einer guten Bildung im öffentlichen Schulsystem gehört, dass Menschen nicht von der Schule gehen, ohne unterscheiden zu können, was Katholiken, Protestanten und Orthodoxe sind, genau wie kein Schüler Abitur bekommt, ohne Deutschland von Österreich oder die Grünen von der CDU unterscheiden zu können.

Vielleicht hat die Tendenz bei Jugendlichen zur religiösen Scham damit zu tun, dass Menschen im frühen Jugendalter von vielen »Glaubensdingen« wie dem Christkind, dem Nikolaus oder dem Osterhasen Abschied nehmen müssen. Man wird doch darauf getrimmt, nach logischen, überprüfbaren Fakten zu suchen. Im Prinzip wird einem Jugendlichen ziemlich systematisch abtrainiert, einen Sinn für Mystik zu behalten. Kinder sind ja sehr interessiert am Geheimnisvollen, an dem Unerklärlichen. Kinder haben, die These wage ich, einen angeborenen Sinn für Mystik, der wird ihnen in unserem Bildungssystem allerdings wirklich ausgetrieben. Weil du gerade die Bildung erwähnt hast: Erfüllt der Religionsunterricht noch seine Aufgabe? Sollte Spiritualität vielleicht an Schulen gelehrt werden? Kann man Spiritualität überhaupt lehren?

Man kann sie einüben. Man kann Schülerinnen und Schülern helfen, sich auf sie einzulassen und Erfahrungen damit zu sammeln. Singen ist ja auch eine Form der Spiritualität. Deswegen habe ich im Religionsunterricht immer meine Gitarre mitgebracht und, zumindest in der Grundschule, aber auch darüber hinaus, immer Lieder gesungen. In der Grundschule haben die Schüler das immer gerne gemacht, in der Hauptschule war das dann schon schwieriger. Ich habe aber immer versucht, Spiritualität erlebbar zu machen. Ein anderes Beispiel ist das Beten am Anfang der Stunde. Auch das ist in den höheren Klassen schwieriger als mit den jüngeren Schülern.

Je älter die Schüler werden, desto mehr spielt das kritische Erfassen von Religion eine Rolle. Aber auch da kann man Spiritualität aufnehmen. Man muss nur die richtigen Formen finden. Heute werden Stuhlkreise gemacht, Kerzen angezündet und viele andere Wege gefunden, um eine geschützte sinnliche Atmosphäre herzustellen.

Die Erfahrung von spiritueller Praxis ist sicher ein Aspekt von Bildung. Allerdings ist der Religionsunterricht natürlich nicht die Kirche. Man sollte den Religionsunterricht nicht nur als Verkündigung sehen. Da geht es wirklich darum, dass man etwas lernt über seine eigene Tradition und über andere Traditionen. Es ist nicht einfach nur religiöse Praxis, sondern es ist vor allem Reflexion religiöser Praxis. Deswegen kann auch ein muslimischer Religionsunterricht eine große Chance sein. Auch für den Islam ist die kritische Reflexion der eigenen Tradition wichtig.

Wie steht der Protestantismus zu religiösen Ritualen? Er wird ja gerne als verkopft und unsinnlich wahrgenommen. Im Katholizismus und auch im Islam ist das Ritual ganz wesentlicher Bestandteil religiöser Praxis.

Jede Konfession hat ihre blinden Flecken. Manche Protestanten würden vielleicht polemisch gegen den Katholizismus sagen, dass er zu magisch sei. Umgekehrt werfen manche Katholiken den Protestanten vor, vielleicht zu verkopft zu sein.

Aber im Grunde geht es doch darum, wie man sich selbst und seiner Vernunft gegenüber ehrlich eine religiöse Praxis leben kann. Es ist aus meiner Sicht gut möglich, dass ich sage: Ich bin mir sehr bewusst darüber, dass Bilder vom ewigen Leben eben nur Bilder sind. Weil ich aber ebenso genau weiß, dass die Vernunft qua natura, also aus Prinzip, ein ewiges Leben nicht erfassen oder verstehen kann, heißt das, dass ich mich aus guten Gründen einlassen kann auf diese Bilder und mich in die Position des Vertrauenden begebe. Glaube heißt ja nichts anderes als Vertrauen. Und das kann auch in Ritualen Gestalt finden. Sie zu praktizieren ist jedenfalls nicht weniger vernünftig, als davon gar nichts zu halten. Insofern gibt es keinen Widerspruch zwischen Vernunft und religiöser Praxis. Das gilt für den Katholizismus genauso wie für den Protestantismus.

Was hat's mit der Liturgie im Gottesdienst auf sich? Warum ist dieser einstudierte formelle Ablauf des Gottesdienstes so wichtig? Wäre ein entspannter, liturgiefreier Gottesdienst nicht vielleicht viel erfolgreicher?

Die Erfahrung, die Menschen zum Ausdruck bringen, wenn sie diesen entspannten, liturgiefreien Gottesdienst kennen lernen, ist häufig, dass sie diesen schlicht und einfach als banal empfinden. Gerade das fremde, nenn es das mystische Element, das über den Alltag hinausweist, fehlt ohne die Liturgie im Gottesdienst. Übrig bleibt dann schnell nur noch eine Art Sonntagsschwatz. Deswegen ist es schon gut, dass wir uns auch auf alte liturgische Formen, die viele Jahrhunderte hindurch Menschen ermutigt, getröstet und aufgefangen haben, einlassen. Diese Formen mögen uns zunächst fremd sein, sodass wir damit erst mal nichts anfangen können, aber sie geben, wenn man sich erst mal auf sie eingelassen hat, Heimat. Gerade auch dadurch, dass sie wiederkehren und immer wieder in der gleichen Form erfahrbar sind. Ich habe das beim Studium in den USA gemerkt. Ich habe dort für ein Jahr in einer lutherischen Gemeinde gelebt. Wenn ich da die wohlbekannte Liturgie auf Englisch hörte, erkannte ich alle mir auch von Deutschland her bekannten Formen wieder. Und das gab selbst im fernen Oakland in Kalifornien Heimat. Die Liturgie öffnet mir das Herz, egal, wo auf der Welt ich bin. Das ist sehr kostbar. Das sollte man nicht zu schnell preisgeben mit dem Argument: »Das ist alles nicht mehr verständlich, und die Leute, die neu dazukommen, wollen das nicht.« Im Gegenteil: Ich werbe dafür, dass Menschen, die neugierig sind und das Christentum kennen lernen wollen, sich gerade auf die Traditionen einlassen, die sie zunächst nicht verstehen. Und das auch für längere Zeit. Dann können sie merken, wie ihnen diese alten Formen lieb werden. Sie erleben irgendwann, was ihnen fehlt, wenn diese Traditionen in ihrem Leben plötzlich nicht mehr vorkommen. Ich kann zumindest von mir selbst sagen, dass mir bestimmte Formen, mit denen ich am Anfang überhaupt nichts anfangen konnte, sehr lieb geworden sind. Und dann sind es auch oft die tragfähigsten Formen. Die Liturgie trägt dich durch alle Lebenssituationen. In der Liturgie ist Vertrautheit mit der Fremdheit gepaart. »Heilig, heilig, heilig ist der Herre Zebaoth. Alle Lande sind seiner Ehre voll. Hosianna in der Höhe!« So redet heute kein Mensch mehr! Aber es hat etwas sehr Erhabenes, dieses Lied in der Abendmahlsliturgie zu singen.

Ein wichtiger Bestandteil der Liturgie sind die Fürbitten. In jedem Gottesdienst wird nicht nur für das eigene Heil gebetet, sondern »für andere gebetet«. Ich denke, jeder stimmt zu, dass es gut ist, an andere zu denken. Aber ist die Fürbitte nicht eine der Praktiken, die von Karl Marx als »Opium fürs Volk« bezeichnet werden würde? Unterstützt sie nicht eine Mentalität, die dazu führt, dass man am Sonntag für alle Notleidenden betet und alle anderen Tage der Woche mit seinem Verhalten dafür sorgt, dass es Notleidende gibt? Wie stellt man sicher, dass das nicht nur leere Worte sind? Dass Fürbitten nicht Rituale zur Gewissensreinigung werden? Wenn man für die Menschen im Bürgerkrieg betet, dann aber keine Flüchtlinge aufnehmen will, weil die »deutsche Leitkultur« gefährdet ist, ist das doch ein Widerspruch. Dann hat man nach dem Fürbitten nur ein weniger schlechtes Gewissen, auch wenn man nie selbst die Ärmel hochkrempelt und dafür kämpft, dass die Welt für alle zu einem lebenswerten Ort wird.

Du weist völlig zu Recht auf die Frage hin, wie man eigentlich verantwortlich beten kann. Ich würde es auch so sehen, dass Gebet auch ein leeres Gebet sein kann. Der Prophet Amos ebenso wie der Prophet Jesaja bringen in ihren Texten eine scharfe Kritik am Kult zum Ausdruck. Amos 5,21–24 zum Beispiel: »Tut hinweg das Geplärr eurer Lieder! Ich will euer Harfenspiel nicht hören und euer Brandopfer nicht riechen! Aber das Recht ströme wie Wasser und die Gerechtigkeit wie ein nie versiegender Bach!«

Dieses scharfe Prophetenwort kritisiert genau die Art von Beten, die du gerade beschrieben hast. Deswegen heißt verantwortliches Beten tatsächlich, dass das Anliegen, für das ich bete, mich so in der Seele berührt, dass ich gar nicht anders kann, als mich auch in meinem Alltag dafür einzusetzen, dass die Linderung von Not, die Gegenstand meiner Fürbitten ist, auch durch mein eigenes Handeln befördert wird. Insofern kann ich mir tatsächlich kein ehrliches Beten vorstellen, das in der Kirche für Menschen betet, die dann im Alltag von mir selbst überhaupt in Not gebracht oder in der Not allein gelassen werden.

Natürlich muss man im Einzelnen dann darüber streiten, durch welche Maßnahmen den Menschen wirklich geholfen werden kann. Man wird auch akzeptieren müssen, dass wir alle miteinander nur begrenzte Energie haben. Wenn ich also für die Armen bete, trotzdem aber nicht meine gesamte Freizeit dafür opfere, um in der Obdachlosen-Wärmestube zu arbeiten, dann würde ich nicht sagen, dass ich nicht trotzdem das Recht habe, dafür zu beten. Wenn ich für Menschen in Not bete, dann bete ich gleichzeitig auch um die Kraft, die Gott mir geben soll, um immer wieder die Not der anderen wahrzunehmen und dann auch zu handeln. Es kann also nicht so sein, dass die Legitimität des Gebets an der perfekten Umsetzung der Gebetswünsche in mein eigenes Handeln hängt.

Ein weiterer wichtiger Bestandteil der Liturgie ist das »Vater Unser«, das bekannteste Gebet des Christentums. Es wird von allen Christen, allen Kirchen, allen Konfessionen gebetet. Jeder Christ kann das »Vater Unser« auswendig. Das birgt aber auch die Gefahr, dass man es einfach nur so dahinbetet. Die wenigsten nehmen sich wirklich die Zeit und Konzentration, um sich tatsächlich mit dem »Vater Unser« zu beschäftigen. Ich bisher auch nicht. Deswegen schlage ich vor, dass wir das »Vater Unser« Satz für Satz durchgehen und du die jeweiligen Abschnitte mal theologisch kommentierst.

Machen wir.

Okay, los geht's: Vater unser im Himmel ...

Dass hier vom Vater die Rede ist, ist keine Geschlechtsangabe. Auch wenn Gott in der Kunstgeschichte oft als

Mann mit langem Bart und weißen Haaren dargestellt wurde, ist es ein Missverständnis der Vater-Anrede, wenn wir damit Gott auf ein Geschlecht festnageln. Was diese Anrede zum Ausdruck bringen will, sind bestimmte Qualitäten, die mit dem Bild des Vaters in der damaligen Zeit verbunden waren. Jemand, der mich beschützt. Jemand, bei dem ich geborgen bin. Jemand, der mir Orientierung gibt. Jemand, der für mich sorgt. Wir beten heute oft auch im Gottesdienst: »Gott, der du mir bist wie Vater und Mutter.« Und es ist auch völlig legitim, dass man unter unseren heutigen Bedingungen auch das Mutterbild benutzt. Deswegen: Beim »Vater Unser« kommt es nicht auf die geschlechtliche Dimension an, sondern auf die Qualitäten, die man damals dem Vater zugeschrieben hat.

»Unser« ist aber auch ein wichtiges Wort. Die ersten beiden Worte drücken nämlich gemeinsam die Beziehung aus, die wir zu Gott haben. »Unser Vater« heißt, dass wir in der Anrede Gottes zusammengehören.

Geheiligt werde Dein Name.

»Geheiligt werde dein Name« heißt, dass wir Gott wirklich ehren. Wir gehen nicht achtlos mit dem Gottesnamen um. Das zweite Gebot ist ja: Du sollst den Namen des Herrn, deines Gottes, nicht missbrauchen. Der zweite Satz heißt schlicht und einfach, dass wir mit Respekt und Achtung vor und von Gott reden.

Dein Reich komme.

»Dein Reich komme« drückt die große Sehnsucht aus, die die Menschen haben: dass die Welt anders wird, als sie jetzt ist. Es ist die Sehnsucht, dass alle Gewalt, alle Ungerechtigkeit, aller Unfriede überwunden werden und Gottes Reich tatsächlich kommt. Das Reich Gottes hat Jesus in vielen Gleichnissen verkündet. Dass dieses Reich wahr wird und auch im Hier und Jetzt erfahrbar wird, das ist die große Sehnsucht und Bitte, die in diesem Satz zum Ausdruck kommt.

Dein Wille geschehe ...

Das hat zwei Dimensionen. Das eine ist, dass dieser Satz zum Ausdruck bringt: Ich bin mir sehr bewusst, dass ich auch schmerzliche Erfahrungen mache, die ich nicht machen will, die mir wehtun, von denen ich möchte, dass sie nie passiert wären. Da kann ich aus vollem Herzen den Satz sagen: Dein Wille geschehe. Der Satz drückt aus, dass ich all meine Not und alle Fragen, die mit bestimmten persönlichen Lebenserfahrungen verbunden sind, ganz in Gottes Hand legen kann. »Dein Wille geschehe« könnte man vielleicht so übersetzen: »Gott, ich vertraue mich dir an. Du wirst wissen, warum ich das erfahre, was ich jetzt erfahre.« Das ist die eine Dimension.

Zum Zweiten steckt in diesem Satz aber auch die Anerkennung, dass Gott seinen Willen für diese Welt erklärt hat. Der Satz stellt fest, dass die in Christus sichtbar gewordene Liebe Gottes die ganze Welt durchdringen soll. Gott hat die Welt aus Liebe geschaffen. Deswegen drückt dieser vierte Satz aus, dass die Liebe, die den Kern des Willens Gottes für diese Welt ausmacht, auch wirklich sichtbar wird. Es ist ein Ruf der Hoffnung darauf, dass die Welt endlich sichtbar sich als Schöpfung Gottes zeigt.

... wie im Himmel so auf Erden.

Das ist ein ganz wichtiger Abschnitt, der zum Ausdruck bringt, dass die Gottesbeziehung nie Weltflucht bedeutet. Unsere Beziehung zu Gott spielt sich nicht nur irgendwo im Himmel irgendwo im Jenseits ab, sondern ist auch hier auf Erden wirksam.

Unser tägliches Brot gib uns heute.

Damit wird ausgedrückt, wie wenig selbstverständlich es ist, dass wir jeden Tag etwas zu essen haben. Gerade für uns hier in der westlichen Welt ist diese Bitte ganz wichtig, weil sie die Unselbstverständlichkeit unseres täglichen Brots zum Ausdruck bringt. Wenn wir darum bitten, erinnert es uns daran, dass es auch anders sein könnte. Dass wir regelmäßig neu darum bitten, lässt uns auch jedes Mal aufs Neue dankbar sein.

Und vergib uns unsere Schuld ...

Das ist natürlich eine ganz zentrale Bitte. Das Problem der Schuld kennt jeder Mensch. Jeder Mensch jedenfalls, der einigermaßen über sich selbst nachdenkt. Wir machen Fehler. Wir sind fehlbar. Manchmal haben die Fehler auch Konsequenzen, die nicht umkehrbar sind. Wir können große Fehler begehen, zum Beispiel durch ein falsches Wort einen Menschen tief verletzen. Deswegen ist es ganz wichtig, dass wir gerade dann, wenn wir bestimmte Dinge nicht einfach wiedergutmachen können, sagen dürfen: Vergib uns unsere Schuld. Die Schuld, die wir nicht mehr selbst tragen können, dürfen wir in Gottes Hand legen. Wir dürfen die Erfahrung der Vergebung machen. Wir können wieder frei, wieder neu ins Leben gehen.

... wie auch wir vergeben unseren Schuldigern.

Das, was ich mir von Gott erhoffe, gebe ich natürlich auch meinem Nächsten. Wenn ich mir bewusst bin über meine eigene Fehlbarkeit, über meine eigene Vergebungsbedürftigkeit, dann bin ich auch viel gnädiger mit demjenigen, der mir gegenüber schuldig wird. Diesen Zusammenhang zum Ausdruck zu bringen, das ist eine der ganz großen Stärken des »Vater Unser«.

Und führe uns nicht in Versuchung, ...

Dieser Satz drückt eine Erfahrung aus, die wir sehr gut kennen. Er drückt aus, dass etwas in uns uns zu einem Handeln drängen möchte, von dem wir wissen, dass es schlecht ist, und das wir eigentlich nicht wollen. Manchmal tun wir Dinge, obwohl wir wissen, dass es nicht gut ist. Da wir selber so wenig Macht haben über die inneren Antriebe, die uns zu etwas drängen, was wir eigentlich gar nicht wollen, deswegen ist es gut, dass wir auch das in Gottes Hand legen können mit der Bitte: Und führe uns nicht in Versuchung.

... sondern erlöse uns von dem Bösen.

Da ist zunächst mal die ganz wichtige Wahrnehmung, dass es das Böse gibt, und das tiefe Unbehagen, dass das Böse immer wieder so wirksam ist. Dass Menschen an anderen Menschen in einer Art handeln, die einfach abgründig ist, macht Angst. Die Sehnsucht zum Ausdruck zu bringen, dass das endlich aufhört und das Böse, das wir jeden Tag erleben, nicht das letzte Wort hat; das soll dieser Satz im »Vater Unser« zum Ausdruck bringen.

Denn dein ist das Reich, und die Kraft, und die Herrlichkeit, in Ewigkeit.

Wenn ich sage »*Dein* ist das Reich, und die Kraft, und die Herrlichkeit«, dann weiß ich, wo ich mich hinwenden muss, wenn ich Kraft brauche. Ich sage damit: Bei dir, Gott, finde ich all das, was ich ersehne. Und dann kann ich mich im Gebet oder einfach in meinem inneren Fühlen darauf verlassen, dass es diese Kraft gibt und ich auch die Erfahrung machen darf, dass mir diese Kraft geschenkt wird. Ich weiß, woher sie kommt. Gott ist der Geber der Kraft. Und deswegen kann ich mich auch an Gott wenden, um Kraft zu bekommen.

Auch der Gedanke der Ewigkeit ist ein zentraler Aspekt des Christentums. Durch diesen Gedanken wissen wir unser Leben in einen Horizont gestellt, der über das Leben hinausgeht. Das heißt, wir verstehen unser Sein als eine Existenz, die ungeteilt bei Gott ist und wo all der Müll, der mich von Gott trennt, all das, was wir als Sünde bezeichnen, aus dem Weg geräumt ist. Diese Perspektive der Ewigkeit stellt mein Leben in einen Horizont, der alle Angst überwindet. Auch der Tod hat für mich dann keine Angst und Schrecken mehr.

Amen.

Das ist die Bekräftigung all dessen, was ich in dem »Vater

Unser« gebetet habe. Amen heißt übersetzt so etwas wie: Ja, so sei es. Oder: So mein ich's auch.

Gutes Schlusswort.

Stimmt. Alles, was ich in diesem Buch gesagt habe, das meine ich auch.

Dem schließe ich mich an: Amen!

Nachwort

Dieses Buch ist für mich ein besonderes Buch. Die Idee dazu kam nicht von mir, sondern von meinem ältesten Sohn. Buch-Projekte sind in meinem jetzigen Amt schwer zu realisieren, denn sie können wegen meines vollen Terminkalenders kaum umgesetzt werden, ohne die Ferienzeiten zu berühren, und in den Ferienzeiten steht die Zeit mit der Familie im Zentrum. Diese Buchidee hatte für mich den Charme, dass sie nicht in Konkurrenz zur Familienzeit stand. Deswegen habe ich spontan Ja gesagt und es auch nie bereut.

Ich habe die Gespräche mit Jonas an verschiedenen Urlaubstagen des Jahres 2012 sehr genossen. Es war eine sehr besondere Familienzeit für mich, mit meinem Sohn so intensiv über Inhalte reden zu können, die mein Leben mehr denn je prägen.

Weit über diese persönliche Dimension hinaus ist mir dieses Buch wichtig. Ich habe viele Hoffnungen für den Weg meiner Kirche in den nächsten gut zehn Jahren, in denen ich sie an hervorgehobener Stelle mitgestalten darf. Eine der wichtigsten ist, dass es uns gelingt, mit Menschen, gerade auch jungen Menschen, wieder neu ins Gespräch zu kommen, die den Kontakt zur Kirche verloren haben oder überhaupt nie die Inhalte des christlichen Glaubens »von innen« kennen gelernt haben. Ich will hören, was sie Kritisches zu Kirche zu sagen haben. Und ich will zu erklären versuchen, warum ich diese alte Tradition des

Christentums so faszinierend finde, und warum ich sie für die heutige Zeit für aktueller denn je halte. Ich hoffe, unser Buch wird dabei helfen.

Natürlich schaut Jonas auf diese Tradition nicht nur von außen. Er hat sie schon als Kind intensiv von innen kennen gelernt. Aber er ist genug in der Kultur seiner Generation verwurzelt, um selbst die kritischen Fragen zu haben, die Jugendliche oder junge Erwachsene an Kirche und Christentum richten. Viele von ihnen hat er mir gestellt und die Tonaufnahmen unserer Gespräche abgetippt und so in Form gebracht, dass ich sie nur noch redigieren musste. Ich danke nicht nur ihm für diese große Kraftanstrengung, sondern auch all seinen Freundinnen und Freunden, die Teile der daraus entstandenen Texte gelesen und uns ermutigt haben, auf dem eingeschlagenen Weg weiterzumachen.

Meine Hoffnung ist, dass dieses Buch Menschen ins Gespräch bringt. Dass es dazu animiert, kritische Fragen zu stellen, aber sich vielleicht auch auf Antworten einzulassen.

Ich danke den Studierenden der Universität Bamberg, die mir sieben Jahre lang in Vorlesungen und Seminaren neugierige und kritische Gesprächspartnerinnen und -partner waren und mir damit geholfen haben, meine Gedanken zu entwickeln.

Ich danke – zugleich in Jonas' Namen – Rolf Hartmann, der den ersten Kontakt zum Kreuz Verlag herstellte, und besonders unserer Lektorin Evamaria Bohle, die mit genau der richtigen Mischung aus Klarheit und Flexibilität die Entstehung der Kapitel begleitete und am Ende an den richtigen Stellen Modifikationen und Kürzungen vorschlug.

Dass Jonas einmal ein Theologiestudium beginnen würde, war zu Beginn der Arbeit an diesem Buch nicht absehbar. Jetzt ist umso klarer: Unser Gespräch über die in diesem Buch diskutierten Fragen geht weiter. Wenn es auch bei den Leserinnen und Lesern die Neugier auf die Inhalte des christlichen Glaubens neu oder weiter wecken würde, hätte es sein wichtigstes Ziel erreicht.

München, im Advent 2012 Heinrich Bedford-Strohm